VEGANES STRASSEN KOST: BURGERS, TACOS, GYROS UND MEHR

Befriedigung veganer Gelüste, ein Streetfood nach dem anderen

Irene Wolf

Urheberrechtliches Material ©2023

Alle Rechte vorbehalten

Kein Teil dieses Buches darf ohne die entsprechende schriftliche Zustimmung des Herausgebers und Urheberrechtsinhabers in irgendeiner Form oder auf irgendeine Weise verwendet oder übertragen werden, mit Ausnahme von kurzen Zitaten, die in einer Rezension verwendet werden. Dieses Buch sollte nicht als Ersatz für medizinische, rechtliche oder andere professionelle Beratung betrachtet werden.

INHALTSVERZEICHNIS

EINFÜHRUNG **6**
BURGER **7**
   1. Gestapelte Shiitake-Tomaten mit Curry 8
   2. Gebratene grüne Napoleons mit Krautsalat 10
   3. Tomaten-Avocado-Burger 13
   4. BBQ Bunless Veggie Burger 15
   5. Apfel- und Erdnussbutter-Stapler 18
   6. Gebratene grüne Tomaten 20
   7. Süßkartoffel-Burgerbrötchen 22
   8. Portabella und vegane Halloumi-Burger 24
   9. Low Carb Burger ohne Brötchen mit schwarzen Bohnen und Quinoa 26
   10. Bunless Stacked Burger 29

BURGERSCHALEN **32**
   11. Veggie-Burger in einer Schüssel 33
   12. Gegrillte Gemüse-Burger-Bowls 35
   13. Teriyaki Burger Bowls 37
   14. Schüssel mit Mayo-Senf-Sauce 39
   15. Veggie Burger Bowl & Spitzkohl 42
   16. Veggie Burger Burrito Bowl 45
   17. Burger mit Tofu-Bowl 47

VEGGIE-ROLLEN **49**
   18. Sommerrollen mit Chile-Limetten-Dip 50
   19. Gemüsebrötchen mit gebackenem, gewürztem Tofu 52
   20. Pilz-Reispapierrollen 55
   21. Avocado- und Gemüsereispapierrollen 58
   22. Regenbogenrollen mit Tofu-Erdnusssauce 60
   23. Mango-Frühlingsrollen 62
   24. Frühlingsrollen mit gemischten Früchten und Erdbeersauce 64
   25. Sommerrollen mit tropischen Früchten 67
   26. Beeren- und Gemüsereispapierrollen 70
   27. Von Rosen inspirierte Reispapierrollen 73
   28. Tofu- und Bok Choy-Reispapierrollen 75

PIZZA **77**
   29. Süße und würzige Ananaspizza 78
   30. Weiße Nektarinenpizza 80
   31. BBQ-Erdbeerpizza 82
   32. Feigen- und Radicchio-Pizza 84
   33. Pizza Bianca mit Pfirsichen 87
   34. Vegane Wassermelonen-Fruchtpizza 89
   35. BBQ-Jackfruit-Pizza 91
   36. Butternusskürbis-Pizza mit Äpfeln und Pekannüssen 94

37. Portobello und schwarze Olivenpizza 97
38. Vegane Pizza mit weißen Pilzen 99
39. Mini-Portobello-Pizzas 102
40. Milde Microgreen Forest Pizza 104
41. Pfifferlingpizza mit veganem Käse 106
42. Vegane weiße Pizza mit Pilzen und Schalotten 108
43. Weiße Pizza mit gelben Tomaten 110
44. Brokkoli-Pizza 112
45. Mangoldpizza 115
46. Pizza mit Erbsen und Karotten 118
47. Pizza mit Kartoffeln, Zwiebeln und Chutney 121
48. Pizza mit gerösteten Wurzeln 124
49. Rucola-Salat-Pizza 127
50. Karamellisierte Zwiebelpizza 129
51. Grill-Spinat-Pizza 131
52. Rucola-Zitronen-Pizza 133
53. Garden Fresh Pizza 136
54. Roma Fontina Pizza 138
55. Spinat-Artischocken-Pizza 140
56. Vegane Caprese-Pizza 142
57. Grillpizza mit knusprigem Blumenkohl 145
58. Gegrillte Gemüsepizza 147
59. Artischocken-Oliven-Pizza 149
60. Vegane Zucchini-Peperoni-Pizza 151
61. Pizzaboden mit roten Linsen 153
62. Pikante Pintobohnen-Pizza 155
63. Bohnen-Nacho-Pizza 157
64. Mangopizza mit schwarzen Bohnen 160
65. BBQ-Mais-Jalapeno-Süßkartoffelpizza 162
66. Maiscremepizza 164

BURRITOS 167

67. Aprikosen-Burritos 168
68. Babybohnen-Burritos 170
69. Bohnen-Reis-Burritos 172
70. Bohnen & TVP-Burritos 174
71. Kirschburritos 176
72. Butternuss-Burrito 178
73. Mais - Reis-Burritos 180
74. Fiesta Bean Burrito 182
75. Gefrierschrank-Burritos 184
76. Matzen-Burrito-Auflauf 186
77. Bohnen-Burritos aus der Mikrowelle 188
78. Mikrowellen-Gemüse-Burritos 190
79. Gemischter Gemüse-Burrito 192

80. Mojo Black Bean Burritos 194
81. Pepita-Gemüse-Burritos 196
82. Seitan Burritos 198
83. Burrito-Füllung 200
84. Vegetarische Burritos Grande 202

TACOS 204
85. Knusprige Kichererbsen-Tacos 205
86. Tempeh-Tacos 207
87. Pilz-Tacos mit Chipotle-Creme 209
88. Linsen-, Grünkohl- und Quinoa-Tacos 211
89. Schwarze Bohnen-Tacos mit Maissalsa-Topping 213
90. Gegrillte Haloumi-Tacos 215
91. Der einfache vegane Taco 217
92. Taco mit Bohnen und gegrilltem Mais 219
93. Schwarzer Bohnen-Reis-Salat-Taco 221
94. Zähe Walnuss-Tacos 223
95. Seitan-Tacos 225

GYROS 227
96. Kichererbsen-Gemüse-Gyros 228
97. Gegrilltes Portobello-Pilz-Gyros 230
98. Jackfrucht-Gyros 232
99. Tofu-Gyros 234
100. Linsen-Pilz-Gyros 236

SCHLUSSFOLGERUNG 238

EINFÜHRUNG

Willkommen bei „VEGANES STRASSEN KOST: BURGERS, TACOS, GYROS UND MEHR", Ihrem Leitfaden zur Befriedigung veganer Gelüste, einen Straßenbiss nach dem anderen. Dieses Kochbuch ist eine Hommage an pflanzliche Köstlichkeiten, inspiriert von Streetfood aus aller Welt. Begleiten Sie uns auf unserer Reise, um die Aromen, Texturen und den Genuss Ihrer Lieblings-Straßengerichte nachzubilden – und das alles gleichzeitig köstlich vegan.

Stellen Sie sich vor, Sie genießen den Duft von gegrillten Burgern auf pflanzlicher Basis, genießen die Knusprigkeit veganer Tacos und lassen sich von der herzhaften Köstlichkeit pflanzlicher Gyros verwöhnen. „VEGANES STRASSEN KOST: BURGERS, TACOS, GYROS UND MEHR" ist mehr als nur eine Rezeptsammlung; Es ist eine Erkundung der Kreativität und Vielfalt, die pflanzliche Zutaten dem Streetfood verleihen. Egal, ob Sie ein erfahrener Veganer sind oder gerade erst mit der pflanzlichen Ernährung beginnen, diese Rezepte sollen Sie dazu inspirieren, die gewagte und geschmackvolle Welt der veganen Straßengerichte zu genießen.

Von klassischen veganen Burgern über innovative Taco-Füllungen bis hin zu köstlichen Gyros – jedes Rezept ist eine Hommage an die pflanzliche Variante von Streetfood-Klassikern. Ganz gleich, ob Sie ein veganes Barbecue veranstalten oder Ihr Verlangen nach Streetfood zu Hause stillen, dieses Kochbuch ist Ihre Anlaufstelle für die Zubereitung köstlicher Häppchen auf pflanzlicher Basis, die die Essenz von Streetfood einfangen.

Tauchen Sie mit uns in die Welt des „VEGANES STRASSEN KOST: BURGERS, TACOS, GYROS UND MEHR" ein, in der jede Kreation ein Beweis für die Kreativität, Zufriedenheit und globale Inspiration ist, die pflanzliches Streetfood mit sich bringt. Ziehen Sie also Ihre Schürze an, genießen Sie die Aromen der Straße und erkunden Sie die aufregende und befriedigende Welt der veganen Straßengerichte.

Burger

1. Curry- Shiitake – gestapelte Tomaten

ZUTATEN:
- 4 alte Tomaten
- 4 Scheiben veganer Käse

SHIITAKE-MISCHUNG
- 6 Esslöffel pflanzliche Mayonnaise
- 1 Teelöffel Currypulver
- ¼ Teelöffel Salz
- ¼ Teelöffel gemahlener Ingwer
- ¾ Pfund Shiitake
- 1 Sellerierippe, gehackt
- ½ Tasse fein gehackte Gurke
- 1 Nabelorange, geschält und fein gehackt
- 2 Frühlingszwiebeln, in dünne Scheiben geschnitten

ANWEISUNGEN:
a) Jede Tomate putzen, in drei dicke Scheiben schneiden und auf Papiertüchern abtropfen lassen.
b) Mischen Sie in einer Schüssel Shiitake, Mayonnaise und Gewürze.
c) Restliche Zutaten unterrühren.
d) Stapeln Sie für jede Portion drei Tomatenscheiben und belegen Sie sie mit veganem Käse und der Shiitake-Mischung.

2. Gebratene grüne Napoleons mit Krautsalat

ZUTATEN:
- 1/3 Tasse Mayonnaise
- ¼ Tasse weißer Essig
- 2 Esslöffel Zucker
- 1 Teelöffel Salz
- 1 Teelöffel Knoblauchpulver
- ½ Teelöffel Pfeffer
- 14 Unzen dreifarbige Krautsalatmischung
- ¼ Tasse fein gehackte Zwiebel
- 11 Unzen Mandarinen, abgetropft

GEBRATENE TOMATEN:
- 1 veganer Ei-Ersatz
- Prise scharfe Pfeffersauce oder nach Geschmack
- ¼ Tasse Allzweckmehl
- 1 Tasse trockene Krümel
- 2 grüne Tomaten, jeweils in 4 Scheiben geschnitten
- Öl zum braten
- ½ Teelöffel Salz
- ¼ Teelöffel Pfeffer
- ½ Tasse gekühlter veganer Pimiento-Käse
- 4 Teelöffel Pfeffergelee

ANWEISUNGEN:
a) Kombinieren Sie die ersten sechs Zutaten.
b) Krautsalatmischung und Zwiebel hinzufügen. Mandarinen dazugeben und vorsichtig umrühren.
c) In einer flachen Schüssel den veganen Eiersatz und die scharfe Soße verquirlen.
d) Mehl und Krümel in separate flache Schüsseln geben.
e) Tauchen Sie die Tomatenscheiben in Mehl, sodass beide Seiten bedeckt sind, und schütteln Sie überschüssiges Mehl ab.
f) Tauchen Sie es in die vegane Eimischung, dann in die Krümel und tupfen Sie es ein, damit der Überzug besser haftet.
g) Erhitzen Sie das Öl in einer Elektropfanne oder Fritteuse auf 350 °C.

h) Tomatenscheiben nacheinander 1-2 Minuten auf jeder Seite braten, bis sie braun sind. Auf Papiertüchern abtropfen lassen.
i) Mit Salz und Pfeffer bestreuen.
j) Zum Zusammenstellen eine Tomatenscheibe mit 1 Esslöffel veganem Pimiento-Käse belegen. Wiederholen Sie die Schichten.
k) Mit 1 Teelöffel Pfeffergelee belegen. Mit den restlichen Tomatenscheiben wiederholen.
l) Über Krautsalat servieren.

3.Tomaten-Avocado-Burger

ZUTATEN:
- 4 Tomaten
- 4 vegane Pastetchen
- ¼ Teelöffel gemahlener schwarzer Pfeffer
- ½ plus ¼ Teelöffel feinkörniges Meersalz
- 1 Teelöffel Chilipulver
- 1 reife Avocado, geteilt
- 2 Esslöffel griechischer Joghurt
- 1 Esslöffel Mayonnaise
- 2 Teelöffel frischer Limettensaft
- ¼ Teelöffel gemahlener Kreuzkümmel
- Eine Handvoll Luzernensprossen

ANWEISUNGEN:

a) Geben Sie die Hälfte der Avocado in eine Schüssel und zerdrücken Sie sie mit einer Gabel, bis sie fast glatt ist.

b) Joghurt, Mayonnaise, Limettensaft und Kreuzkümmel hinzufügen und verrühren. Die restliche Hälfte der Avocado würfeln und zusammen mit ¼ Teelöffel Salz hinzufügen. Zum Kombinieren vorsichtig umrühren. Beiseite legen.

c) Eine beschichtete Pfanne/Pfanne mit Olivenöl einfetten und bei mittlerer bis hoher Hitze erhitzen.

d) Halbierte Tomaten mit der Vorderseite nach unten 2 bis 3 Minuten kochen, bis sie anfangen zu bräunen.

e) Um Burger zusammenzustellen, legen Sie eine Prise Sprossen auf den unteren Teil jeder Tomate, belegen Sie ein veganes Pastetchen, etwa 2 Esslöffel Avocadosauce und geben Sie zum Schluss die andere Hälfte jeder Tomate darauf.

4. Bbq Brötchenloser Veggie-Burger

ZUTATEN:
FÜR DEN BUNLESS-BURGER:
- 8 Gourmet-Burger
- Avocado-Speiseöl
- 1 Avocado, in Scheiben geschnitten
- 4 Portobello-Pilze
- 1 Zwiebel in Ringe geschnitten
- 4 Scheiben veganer Cheddar-Käse
- Tomatensauce
- Mayonnaise

Für den Rote-Bete-Apfel-Krautsalat:
- 2 Rote Bete, geschält und gerieben
- 2 Äpfel, gerieben
- 1 Tasse geriebener Rotkohl
- 3 Esslöffel Apfelessig
- 2 Teelöffel roher Bio-Zucker
- 1 Esslöffel Vollkornsenf
- 4 Esslöffel natives Olivenöl extra
- ½ Tasse frische Petersilie, fein gehackt
- ½ Tasse frische Petersilie, fein gehackt
- ½ Teelöffel frisch gemahlene schwarze Pfefferkörner
- Geschnittene Gurken zum Garnieren

ANWEISUNGEN:
a) Rote Bete, Apfel und Rotkohl in eine Schüssel geben.
b) Essig, Zucker, Senf, Olivenöl und Petersilie hinzufügen. Gut kombinieren. Nach Geschmack würzen. Beiseite legen.
c) Erhitzen Sie einen Grill. Kochen Sie die vegetarischen Gourmet-Burger, Pilze und Zwiebelringe mit einem Schuss Avocado-Speiseöl.
d) Tomatensauce und Mayonnaise vermischen. Beiseite legen.

MONTIEREN
e) Legen Sie zunächst eine Scheibe veganen Käse auf einen Veggie-Burger.
f) Schmelzen Sie den veganen Käse, indem Sie ihn unter den Grill legen oder in der Mikrowelle erhitzen, bis er geschmolzen ist.

g) Etwas Tomaten-Mayonnaise darauf verteilen und mit einem Pilz, Avocadoscheiben, Roter Bete und Apfelsalat belegen.
h) Verteilen Sie noch etwas Tomaten-Mayo-Sauce auf einem anderen Veggie-Burger, legen Sie ihn dann auf den Burger und stapeln Sie ihn mit der Saucenseite nach unten, um ihn zu vervollständigen.
i) Den Burger mit gekochten Zwiebelscheiben und Gewürzgurken garnieren.
j) Stecken Sie einen Spieß ein, damit er intakt bleibt.

5. Apfel- und Erdnussbutter-Stapler

ZUTATEN:
- 2 Äpfel
- 1/3 Tasse grobe Erdnussbutter

FÜLLUNGEN
- Granola
- halbsüße Miniatur-Schokoladenstückchen

ANWEISUNGEN:
a) Kernäpfel. Schneiden Sie jeden Apfel quer in sechs Scheiben.
b) Erdnussbutter auf sechs Scheiben verteilen und mit den Füllungen Ihrer Wahl bestreuen.
c) Mit den restlichen Apfelscheiben belegen.

6. Gebratene grüne Tomaten

ZUTATEN:
- ¼ Tasse fettfreie Mayonnaise
- ¼ Teelöffel abgeriebene Limettenschale
- 2 Esslöffel Limettensaft
- 1 Teelöffel gehackter frischer Thymian
- ½ Teelöffel Pfeffer, geteilt
- ¼ Tasse Allzweckmehl
- 2 vegane Ei-Ersatzstoffe
- ¾ Tasse Maismehl
- ¼ Teelöffel Salz
- 2 grüne Tomaten
- 2 rote Tomaten
- 2 Esslöffel Rapsöl
- 8 Scheiben kanadischer Speck

ANWEISUNGEN:
a) Die ersten 4 Zutaten und ¼ Teelöffel Pfeffer vermischen und bis zum Servieren im Kühlschrank aufbewahren.
b) Mehl in eine flache Schüssel geben und Eiersatz in eine separate flache Schüssel geben. In einer dritten Schüssel Maismehl, Salz und den restlichen Pfeffer vermischen.
c) Jede Tomate quer in 4 Scheiben schneiden.
d) 1 Scheibe in Mehl wenden, damit es leicht bedeckt ist, und überschüssiges Mehl abschütteln.
e) Tauchen Sie es in veganen Ei-Ersatz und dann in eine Maismehlmischung. Mit den restlichen Tomatenscheiben wiederholen.
f) Erhitzen Sie das Öl in einer beschichteten Pfanne.
g) Die Tomaten portionsweise goldbraun braten, jeweils 4–5 Minuten pro Seite.
h) In derselben Pfanne den kanadischen Speck auf beiden Seiten leicht anbraten.
i) Stapeln Sie jeweils 1 Scheibe grüne Tomate, Speck und rote Tomate. Mit Soße servieren.

7.Süßkartoffel-Burgerbrötchen

ZUTATEN:
- 1 Süßkartoffel
- 2 Teelöffel Olivenöl
- Salz und Pfeffer

ANWEISUNGEN:
a) Schälen und würfeln Sie Ihre Süßkartoffeln in die Form von Burgerbrötchen.
b) Mit den Händen das Olivenöl darüber reiben.
c) Mit Salz und Pfeffer würzen.
d) 10 Minuten bei 360 °F in der Heißluftfritteuse garen.
e) Legen Sie Ihre Burger zwischen zwei Süßkartoffel-Burgerbrötchenscheiben und servieren Sie sie.

8. Portabella und vegane Halloumi-Burger

ZUTATEN:
- 4 Portabella-Pilzkappen
- 3 ½ Esslöffel Balsamico-Essig
- 2 Esslöffel Olivenöl
- 2 Scheiben Tomate
- 2 Scheiben veganer Halloumi
- Eine Handvoll Basilikumblätter
- Meersalz
- Frisch gemahlener Pfeffer

ANWEISUNGEN:
a) Sie den Grill erneut auf 450 °F vor .
b) Die Pilze mit Olivenöl bestreichen und mit etwas Meersalz bestreuen.
c) Grillen oder grillen Sie sie vier bis fünf Minuten pro Seite.
d) Den Halloumi grillen. Schneiden Sie den Halloumi in gewünschte, relativ dünne Scheiben .
e) Bei starker Hitze pro Seite zwei Minuten grillen. Der Halloumi sollte weich sein und einen aromatisch-salzigen Geruch verströmen.

MONTIEREN _
f) Die Portabella-Pilze werden Ihr Brötchen sein. Auf einen Portobello-Pilzhut den gegrillten veganen Halloumi-Käse, eine Tomatenscheibe und Basilikumblätter legen.
g) Den Balsamico-Essig und den frisch gemahlenen Pfeffer hinzufügen.
h) Setzen Sie dann die andere Pilzkappe darauf.
i) Wiederholen Sie diesen Vorgang für den anderen Burger.

9. Low Carb Burger ohne Brötchen mit schwarzen Bohnen und Quinoa

ZUTATEN:
FÜR SCHWARZE BOHNEN-QUINOA-PATTY
- 3 Tassen gekochte schwarze Bohnen
- 3 Tassen gekochte Quinoa
- 1 Teelöffel Kreuzkümmelsamen
- 1 Tasse gewürfelte Zwiebel
- 6 Knoblauchzehen
- 1 ½ Tassen gehackter Grünkohl
- 1 Jalapeno fein gehackt
- 1 Esslöffel Maisöl
- Salz nach Geschmack

Toppings
- Gurkenscheiben
- Tomatenscheiben
- Zwiebelscheibe
- Ein paar Gurken
- Würzige geröstete rote Paprika-Erdnusssauce oder eine Sauce Ihrer Wahl

ANDERE ZUTATEN
- Ein großer Haufen Salat
- Etwas Maisöl zum Grillen des Pattys

ANWEISUNGEN:
FÜR SCHWARZE BOHNEN-QUINOA-PATTY
a) Zuerst etwas Öl in eine Pfanne geben und Kreuzkümmel, Zwiebeln, Knoblauch und Jalapenos hinzufügen.
b) Eine Minute anbraten. Dann gehackten Grünkohl hinzufügen und erneut 2 Minuten anbraten. Abkühlen lassen.
c) Nehmen Sie schwarze Bohnen und zerdrücken Sie sie gut.
d) Fügen Sie nun die gekochte Quinoa, die sautierte Mischung und das Salz hinzu.
e) Alle Zutaten gut vermischen. Gestalte sie.
f) Sie können den Black-Bohnen-Burger nach Ihren Wünschen formen.
g) Legen Sie sie auf die Pfanne.

h) Tragen Sie dann auf beiden Seiten etwas Maisöl auf. Von beiden Seiten goldbraun braten.
i) Nehmen Sie sie heraus und legen Sie sie beiseite.

DEN BURGER ZUSAMMENBAUEN.
j) Nehmen Sie ein Salatblatt und legen Sie dann ein Quinoa-Patty aus schwarzen Bohnen, Tomatenscheiben, Gurkenscheiben, einige Gurkenscheiben, Zwiebelscheiben und zum Schluss etwas köstliche Soße hinein.
k) Den Salat sorgfältig einwickeln.

10. Brötchenloser gestapelter Burger

ZUTATEN:
VEGANE KETO-BURGER
- 400 g Hanffu
- 400 g Gemüse, gehackt
- ½ Tasse Mandelmehl
- 4 Esslöffel Chia- oder gemahlene Leinsamen
- 4 Esslöffel natives Olivenöl extra
- Schwarzer Pfeffer, Meersalz und geräuchertes Paprikapulver

OPTIONALE BURGER-TOPPINGS
- 16 Salatblätter
- 2 Tomaten
- 2 reife Avocados
- 2 Esslöffel Olivenöl
- Zitronensaft oder Apfelessig
- Romesco Sauce
- rote Zwiebel
- Eingelegte Gurken, zuckerfrei

ANWEISUNGEN:

a) Die gemahlenen Lein- oder Chiasamen mit 4 Esslöffeln Wasser in einem Glas oder einer Schüssel vermischen.
b) Gut umrühren und einige Minuten ruhen lassen.
c) Hanfu und Gemüse mit einer Küchenmaschine fein zerkleinern.
d) Fein gehacktes Hanfu und Gemüse mit Mandelmehl, Leinsamengel und der Hälfte des Olivenöls in einer Schüssel oder der Küchenmaschine vermischen.
e) Mit Salz, Pfeffer, Paprika oder anderen Gewürzen Ihrer Wahl würzen.
f) Formen Sie acht Patties und braten Sie jeden Burger in Olivenöl an, bis er durchgegart und auf jeder Seite goldbraun ist.
g) Sie können die Burger auch in einem vorgeheizten Ofen oder einer Heißluftfritteuse bei 350 °F backen.
h) In der Zwischenzeit die Avocados mit einer Gabel zerdrücken und das Olivenöl unterrühren.
i) Für eine einfache Guacamole mit Zitronensaft oder Apfelessig, Pfeffer und Salz würzen.
j) Servieren Sie jeden Burger auf zwei Salatblättern, um das Burgerbrötchen zu ersetzen, mit Tomaten, Guacamole und, falls gewünscht, etwas dünn geschnittener roter Zwiebel, eingelegter Gurke und Romesco-Sauce.

BURGERSCHÜSSEL

11. Veggie-Burger in einer Schüssel

ZUTATEN:
VEGGIE-BURGER IN EINER SCHÜSSEL
- 4 Tassen geriebener Salat
- 1 Pint Kirschtomaten halbiert
- 2 Avocados gewürfelt
- 1 Tasse scharf eingelegte Zwiebeln
- ½ Tasse gehackte Cornichons, wenn Sie möchten
- 4 Veggie-Burger-Patties, gewürfelt oder zerkrümelt

VEGANE BURGER-SAUCE
- ½ Tasse Tahinipaste
- 1 Knoblauchzehe
- 1 Esslöffel frischer Dill oder 1 Teelöffel getrocknet
- 2 Esslöffel frisch gepresster Zitronensaft
- Salz und Pfeffer
- ¼ Tasse Wasser

ANWEISUNGEN:
a) Für die vegane Burgersauce Tahini, Knoblauch, Zitronensaft, Dill, Salz und Pfeffer verrühren.
b) So viel Wasser einrühren, dass die Soße eine gießfähige Konsistenz erhält.
c) Um Veggie-Burger-Bowls zuzubereiten, schichten Sie die Burgerzutaten in einzelne Salatschüsseln.
d) Mit zerbröckelten Gemüse-Burger-Patties belegen und mit veganer Burger-Sauce beträufeln.

12. Gegrillte Gemüse -Burger-Bowls

ZUTATEN:
- 2 vegane Burger-Patties
- 1 Tasse gemischtes Grün

GEGRILLTES GEMÜSE
- 1 Zucchini, in Scheiben geschnitten
- 1 Paprika, gewürfelt
- 1 Aubergine, in Scheiben geschnitten
- 1 Tomate, halbiert
- Spargelstangen

OPTIONALE ERGÄNZUNGEN
- 1 Teelöffel Sesamsamen
- 1 Esslöffel gemischte Nüsse
- Kimchi
- eingelegte Zwiebeln

DRESSING
- Veganes Tahini

ANWEISUNGEN:

a) Den Grill auf höchste Stufe vorheizen.
b) Grillen Sie Burger und Gemüse und reduzieren Sie nach dem Markieren die Hitze.
c) Stellen Sie Schüsseln mit Gemüse, gegrilltem Gemüse, Burger und Löffeldressing zusammen und fügen Sie nach Belieben die gewünschten Zutaten hinzu.

13. Teriyaki-Burger-Bowls

ZUTATEN:
- 4 pflanzliche Burger, gekocht
- 2 Tassen gekochte Quinoa
- 1 Tasse Babyspinat
- 1 Tasse dünn geschnittene Gurken
- 1 Tasse gedämpftes, geschältes Edamame
- 1/2 Tasse geschnittene Radieschen
- 1 Tasse geraspelte Karotten
- 2 Frühlingszwiebeln, in Scheiben geschnitten
- 1/4 Tasse rote Zwiebel, in dünne Scheiben geschnitten
- 1 große Avocado, entkernt und in dünne Scheiben geschnitten
- 1/2 Tasse zubereitete Teriyaki-Sauce

ANWEISUNGEN:
a) Burger und Reis nach Packungsanweisung zubereiten.
b) Den Belag zusammen mit der Soße und den vorbereiteten Burgern auf einer großen Platte anrichten.
c) Den Reis gleichmäßig auf vier Servierschüsseln verteilen.
d) Stellen Sie Ihre Schüssel zusammen, beginnen Sie mit Spinat und fügen Sie nach Wunsch kleinere Beläge hinzu.
e) Mit einem zubereiteten Burger auf pflanzlicher Basis belegen und mit Teriyaki-Sauce beträufeln.

14. Schüssel mit Mayo-Senf-Sauce

ZUTATEN:
LINSEN
- 1 Esslöffel Olivenöl
- 1 weiße, rote oder gelbe Zwiebel, gewürfelt
- ¼ Teelöffel Salz
- 450 g gekochte Linsen
- ¼ Tasse Gemüsebrühe
- 2 Esslöffel glutenfreie Worcestershire-Sauce
- 1 Esslöffel Dijon-Senf
- 1 Esslöffel Tamari
- 1 Teelöffel Zucker
- ½ Teelöffel Knoblauchpulver
- 1 Teelöffel gemahlener schwarzer Pfeffer

MAYO-SENF-SAUCE
- ¼ Tasse vegane Mayonnaise
- 1 Esslöffel Tomatenmark
- 2 Teelöffel Senf
- 2 Teelöffel 10 ml Gurkensaft
- 2 Esslöffel Gewürzgurken, fein gewürfelt
- ¼ Teelöffel Knoblauchpulver
- ½ Teelöffel Paprika
- ½ Teelöffel Meersalz
- 15 ml Wasser

SALATSCHÜSSEL
- 2 Köpfe Römersalat, gehackt
- 2 Tassen Kirschtomaten, in Scheiben geschnitten
- 2 reife Avocados, entkernt und in Scheiben geschnitten
- 1 rote Zwiebel, in dünne Scheiben geschnitten
- 1 Tasse Gurken, in Scheiben geschnitten

ANWEISUNGEN:
LINSEN
a) Öl in einer Pfanne oder Pfanne erhitzen. Die gewürfelten Zwiebeln und ¼ Teelöffel Salz hinzufügen und 7–10 Minuten anbraten, bis sie weich und glasig sind.

b) Die Linsen hinzufügen und ca. 5 Minuten kochen, bis sie fast vollständig gebräunt sind.
c) Erhöhen Sie die Hitze und fügen Sie Gemüsebrühe, Worcester-Senf, Sojasauce, Zucker, Knoblauchpulver und schwarzen Pfeffer hinzu. Kochen, bis die Flüssigkeit verdampft ist.
d) Schalten Sie den Herd aus und nehmen Sie die Pfanne vom Herd. Legen Sie es beiseite, bis Sie bereit sind, Ihre Burgerschüsseln zuzubereiten.
e) Geben Sie alle Zutaten für die Soße in eine Schüssel und vermischen Sie alles, bis alles gut vermischt ist. Abschmecken und nach Bedarf mit mehr Salz würzen.

MONTAGE
f) Den gehackten Salat auf vier Schüsseln verteilen. In Scheiben geschnittene Zwiebeln, Avocado, Kirschtomaten und Gurken hinzufügen.
g) Mit Linsen belegen und Sauce über die Schüsseln träufeln.

15. Veggie-Burger- Bowl & Spitzkohl

ZUTATEN:

Pastetchen
- 150 g Bulgurweizen
- Gemüsebrühe zum Einweichen
- 1 Karotte
- 1 fein gehackte Zwiebel
- 1 Knoblauchzehe
- 1 Esslöffel Mehl
- 1 Esslöffel gehackte glatte Petersilie
- 1 veganer Ei-Ersatz
- bei Bedarf geriebene Kartoffeln
- 1 Teelöffel gemahlener Koriander
- Salz
- frisch gemahlener Pfeffer

Toppings
- 50 g Sesamkörner
- 150 g Spitzkohl
- 1 Karotte
- 2 Esslöffel Reisessig
- 1 Esslöffel Sesamöl
- Salz
- frisch gemahlener Pfeffer
- ½ Gurke
- 4 Esslöffel Ketchup

ANWEISUNGEN:

a) Den Bulgurweizen in der Brühe einweichen.
b) Die Karotte putzen, schälen und fein reiben.
c) Den leicht abgekühlten Bulgur mit der Karotte und der gehackten Zwiebel in eine Schüssel geben. Den Knoblauch schälen und darüber zerdrücken.
d) Mehl, Petersilie und veganen Eiersatz hinzufügen und verkneten.
e) Etwas Wasser oder etwas geriebene Kartoffel dazugeben und unterrühren, falls die Mischung zu trocken ist. Nach Geschmack würzen.

f) Aus der Masse mit feuchten Händen 4 Patties formen und auf jeder Seite etwa 4–5 Minuten grillen.
g) Für den Belag die Sesamkörner in einer Pfanne trocken anbraten. Den Kohl putzen und waschen, dann trocknen und in dünne Scheiben schneiden. Die Karotte schälen und reiben.
h) Bereiten Sie ein Dressing aus Essig, Öl, Salz und Pfeffer zu und rühren Sie es unter den Kohl und die Karotte. Die Sesamkörner unter den Salat heben. Gurke schälen und in Scheiben schneiden.
i) Die Gurkenscheiben und den Kohl in einer Schüssel anrichten. Mit Patties und etwas Ketchup belegen.

16. Veggie-Burger-Burrito-Bowl

ZUTATEN:
- 2 pflanzliche Burger
- 4 Tassen Salatblätter
- 1/2 Tasse brauner Reis
- 1 mittelgroße Süßkartoffel, gewürfelt
- 1/2 Tasse gekochte schwarze Bohnen
- 1 kleine reife Avocado, entkernt und fleischig, in dünne Scheiben geschnitten
- 1/2 Tasse Pico de Gallo
- Lieblingsdressing

ANWEISUNGEN:
a) Reis nach Packungsanweisung kochen; Wenn Sie fertig sind, legen Sie es beiseite.
b) Heizen Sie den Ofen auf 375 °F vor und legen Sie das Backblech mit Backpapier aus.
c) Gewürfelte Süßkartoffeln auf ein mit Backpapier ausgelegtes Backblech legen und mit Olivenöl beträufeln. Verwenden Sie Ihre Hände, um es vollständig zu beschichten.
d) Backen Sie Süßkartoffeln etwa 20 Minuten lang oder bis sie weich sind.
e) Kochen Sie den Burger gemäß den angegebenen Anweisungen.
f) Verteilen Sie Blattgemüse, Reis, gekochte Süßkartoffeln, schwarze Bohnen, geschnittene Avocado und Pico de Gallo gleichmäßig auf zwei Schüsseln.
g) Mit einem leicht abgekühlten Burger belegen und mit Ihrem Lieblingsdressing beträufeln.

17. Burger mit Tofu -Schüssel

ZUTATEN:

Pastetchen

- ½ Tasse Bulgur
- 2 Karotten, geraspelt
- 4 Unzen fester Tofu
- 1 veganer Ei-Ersatz
- 3 Esslöffel gehackte frische Minze
- 3 Esslöffel gehackte Frühlingszwiebeln
- ¼ Teelöffel Cayennepfeffer
- ⅓ Tasse Einfaches Panko, getrocknet
- ⅓ Tasse Mehl, geteilte Verwendung
- 2 Esslöffel heller Ketchup
- 2 Teelöffel Dijon-Senf

DIENEN

- 4 Römersalatblätter
- 4 Tomatenscheiben
- ½ Tasse Alfalfasprossen

ANWEISUNGEN:

a) In einem abgedeckten Topf Wasser und Salz bei Hitze zum Kochen bringen.
b) Bulgur und Karotten dazugeben und vom Herd nehmen.
c) Den Tofu in einer Schüssel zerdrücken.
d) Die Bulgurmischung, den veganen Eiersatz, die Minze, die Frühlingszwiebeln und den Cayennepfeffer unterrühren und gut umrühren.
e) Panko, ¼ Tasse Mehl, Ketchup und Senf unterrühren.
f) Aus der Bulgurmischung Pastetchen formen und frittieren.
g) Geben Sie die Zutaten zum Servieren in eine Schüssel.

VEGGIE-ROLLEN

18. Sommerrollen mit Chile-Limetten-Dip

ZUTATEN:
- 2 Esslöffel Fischsauce
- 2 Esslöffel Limettensaft
- 2 Esslöffel Zucker
- 2 Esslöffel Wasser
- 1 kleine rote Chilischote, zerdrückt
- 4 Unzen Reisnudeln
- 12 runde 5-Zoll-Reispapierhüllen
- ½ rote Paprika, in Streifen geschnitten
- ½ gelbe Paprika, in Streifen geschnitten
- ½ Avocado, in Scheiben geschnitten
- 2 Tassen Luzernensprossen
- 6 große Basilikumblätter, in Scheiben geschnitten

ANWEISUNGEN:
a) In einer kleinen Rührschüssel Fischsauce, Limettensaft, Zucker, Wasser und Chili vermischen und umrühren, um den Zucker aufzulösen.
b) In einem mittelgroßen Topf etwas Wasser zum Kochen bringen.
c) Unter ständigem Rühren 1 Minute lang kochen, oder bis die Fadennudeln gut gekocht sind; Abtropfen lassen und in einer Schüssel abkühlen lassen, dabei regelmäßig umrühren.
d) Füllen Sie ein kleines Becken zur Hälfte mit Wasser. Tauchen Sie jeweils zwei Reispapiere in das Wasser, schütteln Sie überschüssiges Reispapier ab, legen Sie es auf eine Arbeitsfläche und lassen Sie es 30 Sekunden lang weich werden.
e) Auf das unterste Drittel jedes Reispapiers eine kleine Handvoll Fadennudeln legen. Geben Sie oben zwei Streifen rote und gelbe Paprika, einen Streifen Avocado, einen Streifen Gurke und eine große Handvoll Luzernensprossen hinzu. Zum Abschluss noch ein paar Basilikumstreifen hinzufügen.
f) Drücken Sie die Zutaten flach, rollen Sie sie in Reispapier ein und falten Sie sie dabei an den Seiten.
g) Zum Verschließen fest andrücken. Wiederholen Sie den Vorgang mit den restlichen Reispapieren und Füllungen.
h) Wenn alle Brötchen fertig sind, teilen Sie sie diagonal in zwei Hälften und servieren Sie sie mit der Dip-Sauce.

19. Gemüserollen mit gebackenem, gewürztem Tofu

ZUTATEN:
- 1 Unze Bohnenfadennudeln, gekocht und abgetropft
- 1½ Tassen Chinakohl, zerkleinert
- ½ Tasse Karotte, gerieben
- ⅓ Tasse Frühlingszwiebel, in dünne Scheiben geschnitten
- 12 Reispapierrunden (8 Zoll Durchmesser)
- 4 Unzen gebackener gewürzter Tofu (1 Tasse)
- 24 große Basilikumblätter
- Erdnuss-Miso-Dressing

ANWEISUNGEN:
FÜR DIE FÜLLUNG:
a) Drücken Sie die gekochten Bohnenfadennudeln vorsichtig aus, um überschüssige Feuchtigkeit zu entfernen, und hacken Sie sie dann grob.
b) In einer großen Schüssel die gekochten Nudeln, den zerkleinerten Chinakohl, die geriebenen Karotten und die dünn geschnittenen Frühlingszwiebeln vermischen.
ZUM ZUSAMMENBAU DER FRÜHLINGSROLLEN:
c) Füllen Sie einen 10-Zoll-Tortenteller mit warmem Wasser. Tauchen Sie eines der Reispapiere in das Wasser und weichen Sie es ein, bis es geschmeidig ist. Dies sollte etwa 30 bis 60 Sekunden dauern.
d) Übertragen Sie das weiche Reispapier auf ein sauberes Küchentuch und tupfen Sie es vorsichtig ab, um überschüssiges Wasser zu entfernen.
e) Verteilen Sie etwa ¼ Tasse der Nudelmischung im unteren Drittel des Reispapiers.
f) Verteilen Sie 5 oder 6 Würfel des gebackenen, gewürzten Tofus und 2 Basilikumblätter auf den Nudeln.
g) Heben Sie die Unterkante des Reispapiers über die Füllung, falten Sie die Seiten zur Mitte hin und rollen Sie die Frühlingsrolle dann so fest wie möglich auf.
h) Wiederholen Sie diesen Vorgang mit den restlichen Reispapieren und der Füllung.
FÜR DAS ERDNUSS-MISO-DRESSING:

i) Verteilen Sie das Erdnuss-Miso-Dressing auf mehrere kleine Schüsseln und servieren Sie es zusammen mit den Frühlingsrollen zum Dippen.

DIENEN:

j) Servieren Sie die Gemüse-Frühlingsrollen sofort oder stellen Sie sie in einem gut verschlossenen Behälter bis zu 2 Tage in den Kühlschrank (vor dem Servieren wieder auf Zimmertemperatur bringen).

k) Genießen Sie Ihre Gemüse-Frühlingsrollen mit gebackenem, gewürztem Tofu und Erdnuss-Miso-Dressing! Diese Brötchen sind ein köstlicher und gesunder Snack oder eine Vorspeise.

20. Pilz-Reispapierrollen

ZUTATEN:
- 1 Esslöffel Sesamöl
- 2 Knoblauchzehen, zerdrückt
- 1 Teelöffel geriebener Ingwer
- 2 Schalotten, fein gewürfelt
- 300 g Champignons, gehackt
- 40g Chinakohl, fein zerkleinert
- 2 Teelöffel salzarme Sojasauce
- 16 große Blätter Reispapier
- 1 Bund frischer Koriander, Blätter abgezupft
- 2 mittelgroße Karotten, geschält, fein geschnitten
- 1 Tasse Sojasprossen, geputzt
- Extra salzarme Sojasauce zum Servieren

ANWEISUNGEN:
Bereiten Sie die Pilzfüllung vor
a) Sesamöl, zerdrückten Knoblauch und geriebenen Ingwer in einer Bratpfanne bei schwacher Hitze 1 Minute lang erhitzen.
b) Fein gewürfelte Schalotten, gehackte Champignons und geriebenen Chinakohl in die Pfanne geben.
c) Erhöhen Sie die Hitze auf mittlere Stufe und kochen Sie es 3 Minuten lang oder bis die Zutaten gerade zart sind.
d) Geben Sie die gekochte Mischung in eine Schüssel, fügen Sie salzarme Sojasauce hinzu und stellen Sie sie zum Abkühlen beiseite.

Machen Sie die Reispapierblätter weich
e) Füllen Sie eine große Schüssel mit warmem Wasser.
f) Legen Sie jeweils zwei Reispapierblätter etwa 30 Sekunden lang ins Wasser, damit es weich wird. Stellen Sie sicher, dass sie weich, aber dennoch fest genug zum Anfassen sind.

MONTIEREN SIE DIE ROLLEN
g) Nehmen Sie die weichen Reispapierblätter aus dem Wasser und lassen Sie sie gut abtropfen. Legen Sie sie auf ein flaches Brett.
h) Bestreuen Sie jedes Blatt mit frischen Korianderblättern und legen Sie dann ein weiteres Blatt Reispapier darauf.

i) Belegen Sie das doppellagige Reispapier mit einem Esslöffel der Pilzmischung und achten Sie darauf, dass überschüssige Feuchtigkeit abfließt.
j) Julienne-Karotten und Sojasprossen über die Pilzmischung geben.
k) Falten Sie die Enden des Reispapiers ein und rollen Sie das Blatt fest auf.
l) Legen Sie die vorbereitete Rolle beiseite und decken Sie sie mit Plastik ab.
m) Wiederholen Sie den Vorgang mit den restlichen Zutaten, um weitere Brötchen zu formen.
n) Servieren Sie die Pilz-Reispapierrollen sofort mit extra salzarmer Sojasauce zum Dippen.

21. Avocado- und Gemüsereispapierrollen

ZUTATEN:
- 8 kleine Reispapierhüllen
- ½ Tasse geriebener Eisbergsalat
- ¾ Tasse (50 g) Sojasprossen, geputzt
- 1 kleine Karotte, geschält und gerieben
- 1 mittelgroße libanesische Gurke, geschält und in Streifen geschnitten
- 1 mittelgroße Avocado, geschält und in Streifen geschnitten
- Süße Chilisauce zum Servieren

ANWEISUNGEN:
a) Gießen Sie warmes Wasser in eine hitzebeständige Schüssel, bis diese halbvoll ist.
b) Tauchen Sie ein Reispapierpapier ins Wasser und legen Sie es auf eine ebene Fläche.
c) Lassen Sie es 20 bis 30 Sekunden lang stehen oder bis es weich genug ist, um es zu rollen, ohne zu platzen.

REISPAPIERROLLEN ZUSAMMENSETZEN
d) Legen Sie ein Drittel des zerkleinerten Salats entlang einer Kante der weichen Reispapierhülle.
e) Den Salat mit einem Viertel der Sojasprossen, geriebenen Karotten, Gurkenstreifen und Avocadostreifen belegen.
f) Falten Sie die Enden der Hülle ein und rollen Sie sie dann fest auf, um die Füllung zu umschließen.
g) Damit die Rolle nicht austrocknet, decken Sie sie mit einem feuchten Geschirrtuch ab.
h) Wiederholen Sie diesen Vorgang mit den restlichen Reispapierhüllen und Füllungen.
i) Servieren Sie die Avocado-Gemüse-Reispapierröllchen mit süßer Chilisauce zum Dippen.
j) Genießen Sie diese leichten und gesunden Reispapierröllchen, gefüllt mit der Güte frischer Avocado und Gemüse!

22. Regenbogenrollen mit Tofu-Erdnusssauce

ZUTATEN:
- 12 runde 22 cm große Reispapierverpackungen
- 2 Avocados, in dünne Scheiben geschnitten
- 24 frische Korianderzweige
- 24 große frische Minzblätter
- 300 g Rotkohl, fein geraspelt
- 2 große Karotten, in Stifte geschnitten
- 2 libanesische Gurken, entkernt, in Stifte geschnitten
- 100 g Sojasprossen, geputzt
- 3 grüne Schalotten, schräg in dünne Scheiben geschnitten

TOFU-ERDNUSSSAUCE:
- 150g Seidentofu
- 70 g (¼ Tasse) natürliche glatte Erdnussbutter
- 2 Esslöffel Reisweinessig
- 1 Esslöffel Shiro-Miso-Paste (weiße Miso-Paste)
- 3 Teelöffel Honig
- 3 Teelöffel fein geriebener frischer Ingwer
- 2 Teelöffel Tamari
- 1 kleine Knoblauchzehe, zerdrückt

ANWEISUNGEN:
TOFU-ERDNUSSSAUCE:
a) Alle Zutaten für die Tofusauce in einen Mixer geben und glatt rühren. Beiseite legen.

ZUSAMMENSETZUNG DER REGENBOGEN-REISPAPIERROLLEN:
b) Tauchen Sie eine Reispapierhülle 10–20 Sekunden lang oder bis sie weich wird in kaltes Wasser. Lassen Sie es auf einem sauberen Geschirrtuch abtropfen und legen Sie es auf eine Arbeitsfläche.
c) Belegen Sie die Reispapierhülle mit 2 Avocadoscheiben, 2 Korianderzweigen, 2 Minzblättern, einer Portion Rotkohl, Karotten, Gurken, Sojasprossen und Schalotten.
d) Falten Sie die Enden der Reispapierhülle ein und rollen Sie sie fest auf, um die Füllung zu umschließen.
e) Wiederholen Sie diesen Vorgang mit den restlichen Wraps.
f) Servieren Sie die Regenbogen-Reispapierröllchen mit der Tofu-Erdnusssauce als Beilage zum Dippen.

23.Mango-Frühlingsrollen

ZUTATEN:
- 2 Unzen dünne Reisnudeln
- 8 Reispapierkreise (8 ½ Zoll Durchmesser)
- 4 große Salatblätter, Rippen entfernt, Blätter der Länge nach halbiert
- 1 große Karotte, geraspelt
- 2 Mangos, geschält und in Scheiben geschnitten
- ½ Tasse frische Basilikumblätter
- ½ Tasse frische Minzblätter
- 4 Unzen frische Sojasprossen (1 Tasse)
- Würzige Thai-Vinaigrette

ANWEISUNGEN:
a) Beginnen Sie damit, die Reisnudeln etwa 15 Minuten lang in 2 Tassen warmem Wasser einzuweichen. Sobald sie eingeweicht sind, lassen Sie sie abtropfen und legen Sie sie beiseite.
b) Als nächstes tauchen Sie ein Blatt Reispapier in warmes Wasser (ca. 50 Grad Celsius) und legen es dann auf eine Arbeitsfläche, die mit einem feuchten Küchentuch bedeckt ist.
c) Warten Sie etwa 30 Sekunden oder bis die Hülle biegsam wird. Legen Sie nun ein Salatblatt auf die unteren zwei Drittel des Reispapiers und achten Sie darauf, dass auf der Unterseite ein 5 cm breiter Papierrand verbleibt.
d) 2 Esslöffel Fadennudeln, 1 Esslöffel geriebene Karotten, 2 Mangoscheiben, je 1 Esslöffel Basilikum und Minze sowie 2 Esslöffel Sojasprossen auf den Salat legen.
e) Falten Sie den unteren 2-Zoll-Rand des Reispapiers über der Füllung nach oben und falten Sie ihn dann erneut nach oben, um die Füllung zu umschließen. Fahren Sie fort, indem Sie die rechte Kante und dann die linke Kante der Hülle einfalten. Falten Sie weiter, bis ein fester Zylinder entsteht.
f) Übertragen Sie die fertige Frühlingsrolle auf ein Serviertablett und decken Sie sie mit einem feuchten Papiertuch ab, um sie frisch zu halten.
g) Zutaten aufgebraucht haben .
h) Diese Mango-Frühlingsrollen genießen Sie am besten mit der Spicy Thai Vinaigrette als Dip.

24. Frühlingsrollen mit gemischten Früchten und Erdbeersauce

ZUTATEN:
FÜR DIE FRUCHT-FRÜHLINGSROLLEN:
- 1 Tasse Erdbeeren, in Viertel geschnitten
- 2 Kiwis, in Scheiben schneiden
- 2 Orangen, in Scheiben geschnitten
- 1 Mango, in Streifen geschnitten
- 2 Pfirsiche, in Streifen geschnitten
- ½ Tasse Kirschen, entkernt und halbiert
- ½ Tasse Blaubeeren
- ½ Tasse Himbeeren
- 1-Stern-Frucht
- 8 Blatt vietnamesisches Reispapier
- Frische Minzblätter

FÜR DIE ERDBEER-DIP-SAUCE:
- 2 Tassen Erdbeeren
- 1 Passionsfrucht

FÜR DIE SCHOKOLADENSAUCE:
- 1 Tasse dunkle Schokolade, geschmolzen

ANWEISUNGEN:
ZUBEREITUNG DER FRUCHT-FRÜHLINGSROLLEN:
a) Alle Früchte in kleine Stücke schneiden. Wenn gewünscht, verwenden Sie für die Mango einen sternförmigen Ausstecher.
b) Füllen Sie eine flache Schüssel mit Wasser und tauchen Sie die vietnamesischen Reispapierblätter in das Wasser. Achten Sie darauf, dass sie auf beiden Seiten mäßig feucht sind. Achten Sie darauf, sie nicht zu lange einzuweichen, da sie sonst zu weich werden können.
c) Sobald Sie das Reispapier eingeweicht haben, legen Sie auf jedes Reispapierblatt eine Portion der vorbereiteten Früchte.
d) Legen Sie sie in die Mitte und rollen Sie sie dann wie einen Burrito auf, wobei Sie dabei die beiden Seitenklappen einklappen.
ZUBEREITUNG DER ERDBEER-DIP-SAUCE:
e) In einem Mixer die Erdbeeren und das Fruchtfleisch der Passionsfrucht vermischen.
f) Alles glatt rühren. Dies wird Ihre Erdbeer-Dip-Sauce sein.
PORTION:
g) Servieren Sie die Fruchtfrühlingsrollen mit der Erdbeer-Dip-Sauce. Alternativ zum Dippen können Sie auch geschmolzene Zartbitterschokolade anbieten.
h) Genießen Sie an heißen Sommertagen Ihre erfrischenden und gesunden Frucht-Frühlingsrollen!

25. Sommerrollen mit tropischen Früchten

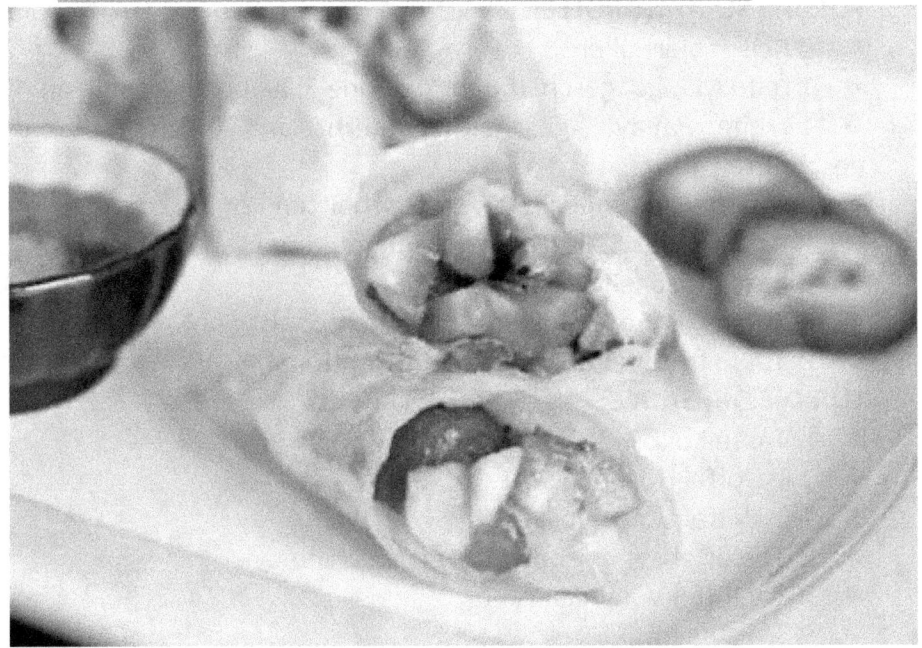

ZUTATEN:
FÜR DIE SOMMERROLLEN:
- 8 Reispapierhüllen
- 1 reife Mango, geschält und in dünne Scheiben geschnitten
- 1 reife Papaya, geschält, entkernt und in dünne Scheiben geschnitten
- 1 Banane, in dünne Scheiben geschnitten
- ½ Ananas, geschält, entkernt und in dünne Scheiben geschnitten
- ½ Tasse frische Minzblätter
- ½ Tasse frische Basilikumblätter (optional)
- ½ Tasse frische Korianderblätter (optional)

FÜR DIE DIP-SAUCE:
- ¼ Tasse Kokosmilch
- 2 Esslöffel Honig
- 1 Esslöffel Limettensaft
- ½ Teelöffel abgeriebene Limettenschale
- ½ Teelöffel Vanilleextrakt

ANWEISUNGEN:

FÜR DIE DIP-SAUCE:

a) In einer kleinen Schüssel Kokosmilch, Honig, Limettensaft, Limettenschale und Vanilleextrakt verrühren, bis alles gut vermischt ist. Beiseite legen.

FÜR DIE SOMMERROLLEN:

b) Bereiten Sie alle Früchte und Kräuter vor, indem Sie sie waschen und in dünne Streifen schneiden.

c) Füllen Sie eine flache Schüssel mit warmem Wasser. Legen Sie eine Reispapierhülle nach der anderen etwa 10–15 Sekunden lang in das warme Wasser, oder bis sie weich und biegsam wird.

d) Heben Sie das aufgeweichte Reispapier vorsichtig an und legen Sie es auf eine saubere Oberfläche, beispielsweise einen Teller oder ein Schneidebrett.

e) Auf das untere Drittel des Reispapiers Mango-, Papaya-, Bananen- und Ananasscheiben schichten. Fügen Sie eine Handvoll frische Minzblätter und, falls gewünscht, Basilikum- und Korianderblätter für zusätzlichen Geschmack hinzu.

f) Falten Sie die Seiten des Reispapiers ein und rollen Sie es dann fest auf, ähnlich wie beim Aufrollen eines Burritos.

g) Wiederholen Sie den Vorgang mit den restlichen Reispapierhüllen und Früchten.

h) Servieren Sie die Sommerrollen mit tropischen Früchten mit der vorbereiteten Dip-Sauce.

26. Beeren- und Gemüsereispapierrollen

ZUTATEN:
FÜR DIE SOMMERROLLEN:
- 10 Reispapierhüllen (wählen Sie zwischen zwei Größen: Sommerrollen)
- 1,5 Tassen gekochte Fadennudeln (optional für zusätzliche Kohlenhydrate)
- ½ Tasse Erdbeeren
- ½ Tasse Himbeeren
- ½ Tasse Brombeeren

GEMÜSE:
- 1 kleiner Römersalat
- 1 Karotte
- ½ Gurke
- 1 Paprika
- ½ Tasse lila Blumenkohl (optional)
- ½ Tasse Rotkohl
- 1 Avocado
- Eine Handvoll Koriander
- Eine Handvoll frische Minze
- Eine Handvoll Thai-Basilikum
- Essbare Blüten (optional)

PROTEIN (OPTIONAL):
- ½ Tasse Tofu

DIPS UND DRESSINGS:
- Erdnuss-Dip
- Salatdressing (Erdbeer-, Himbeer- oder Brombeerdressing)

ANWEISUNGEN:
Bereiten Sie die Füllungen vor
a) Beginnen Sie mit dem Kochen der Fadennudeln gemäß den Anweisungen in der Packung und achten Sie darauf, dass sie vollständig abkühlen. Kurz blanchieren und mit kaltem Wasser abspülen funktioniert gut.
b) Bereiten Sie das Obst und Gemüse vor, indem Sie es in dünne Scheiben schneiden oder im Julienne-Stil schneiden. Sie können Stempel auch verwenden, um lustige Formen wie Herzen, Blumen

oder Sterne zu erstellen. Den Tofu im Julienne in dünne Streifen schneiden.

Bereiten Sie Ihre Dip-Sauce/n vor

c) Sie haben verschiedene Möglichkeiten zum Dippen von Saucen, wie zum Beispiel Erdnussbutter-Dip, Mango-Sweet-Chili-Sauce oder Beerendressings (Erdbeere, Himbeere oder Brombeere).

d) Alternativ können Sie die Brötchen auch mit Sojasauce servieren.

Bereiten Sie das Reispapier vor

e) Machen Sie die Reispapierhüllen einzeln weich, indem Sie sie 5–10 Sekunden lang in warmes Wasser tauchen.

f) Entfernen Sie sie, wenn sie biegbar, aber noch nicht vollständig weich sind. Lassen Sie überschüssiges Wasser abtropfen und legen Sie es auf eine ebene Fläche, beispielsweise ein feuchtes Schneidebrett oder Küchentuch.

STELLEN SIE DIE SOMMERROLLEN ZUSAMMEN

g) Das Befüllen der Rollen ist unkompliziert. Beginnen Sie etwa einen Zentimeter vom Rand der Verpackung entfernt und schichten Sie Ihre Füllungen wie Julienne-Gemüse, Tofu (optional), Beerenscheiben und Kräuter darauf. Nach Wunsch können Sie auch Reisnudeln hinzufügen.

h) Berücksichtigen Sie die Reihenfolge der Zutaten, denn die zuerst platzierten Zutaten befinden sich ganz oben auf der Rolle.

i) Um die Rollen einzuwickeln, schlagen Sie die Ränder ein und rollen Sie sie wiederholt, bis sie versiegelt sind. Es ist so, als würde man einen Burrito rollen.

j) Für ästhetisch ansprechende Brötchen streuen Sie Samen darüber und ordnen Sie geformte Obst- oder Gemüsescheiben an, bevor Sie die restlichen Zutaten hinzufügen.

k) Diese Sommerrollen genießt man am besten sofort oder am selben Tag. Servieren Sie sie mit Ihrer/Ihren bevorzugten Dip-Sauce(n).

l) Bewahren Sie alle Reste einzeln verpackt im Kühlschrank auf, damit das Reispapier nicht austrocknet und reißt.

m) Lassen Sie sie vor dem Verzehr wieder auf Raumtemperatur kommen.

27. Von Rosen inspirierte Reispapierrollen

ZUTATEN:
- 6 Unzen getrocknete Reisfadennudeln
- ½ Tasse frisch gepflückte kulinarische Rosenblätter
- 12 runde Reispapiere
- 1 ¼ Tassen dünn geschnittene Radieschen und/oder englische Gurken
- ¼ Tasse frische Minzblätter
- ¼ Tasse frische Korianderblätter

ROSEN-DIP-SAUCE
- ¼ Tasse Sojasauce
- ¼ Tasse Rosenessig

ANWEISUNGEN:
a) Kochen Sie die Nudeln in einem großen Topf in kochendem, leicht gesalzenem Wasser 2 bis 3 Minuten lang oder bis sie gerade zart sind. Abgießen und unter kaltem Wasser abspülen, dann gut abtropfen lassen.

b) In einer geräumigen Schüssel die abgekühlten Nudeln in kurze Stücke schneiden und mit ¼ Tasse Rosenblättern vermischen.

c) So stellen Sie die Brötchen zusammen: Gießen Sie warmes Wasser in eine flache Schüssel oder einen Tortenteller. Nehmen Sie jeweils ein Reispapier und tauchen Sie es in das Wasser, bis es geschmeidig wird.

d) Legen Sie etwa ¼ Tasse Reisnudeln etwa ein Drittel der Höhe vom Boden in Richtung der Mitte des Reispapiers. Den unteren Rand nach oben über die Füllung schlagen und einmal fest aufrollen.

e) Legen Sie einen Teil des Gemüses, der Kräuter und der restlichen Rosenblätter auf das Papier über dem gerollten Teil. Schlagen Sie die Seiten ein und rollen Sie weiter, um das Reispapier um die Füllung herum abzudichten.

f) Wiederholen Sie diesen Vorgang mit den restlichen Reispapieren. Servieren Sie die Brötchen mit der Rose-Dip-Sauce.

ROSEN-DIP-SAUCE:
g) In einer kleinen Schüssel ¼ Tasse Sojasauce und ¼ Tasse Rosenessig vermischen.

h) Mit grob gemahlenem schwarzem Pfeffer bestreuen.

28.Tofu- und Bok Choy-Reispapierrollen

ZUTATEN:
- 12 frische Maiskölbchen, horizontal halbiert
- 24 Baby-Pak Choi-Blätter
- 300 Gramm fester Seidentofu
- 2 Tassen (160 g) Sojasprossen
- 24 x 17 cm große quadratische Reispapierblätter

CHILLI-SOSSE:
- ⅓ Tasse (80 ml) süße Chilisauce
- 1 Esslöffel Sojasauce

ANWEISUNGEN:
a) Den Mais und den Pak Choi separat kochen, dämpfen oder in der Mikrowelle erhitzen, bis sie weich sind. Abfluss.
b) In der Zwischenzeit die Zutaten für die Chilisauce in einer kleinen Schüssel vermischen.
c) Den Tofu horizontal halbieren und jede Hälfte in 12 gleichmäßige Streifen schneiden.
d) Geben Sie den Tofu in eine mittelgroße Schüssel und vermischen Sie ihn mit der Hälfte der Chilisauce.
e) Legen Sie ein Blatt Reispapier in eine mittelgroße Schüssel mit warmem Wasser, bis es gerade weich wird.
f) Heben Sie das Blatt vorsichtig aus dem Wasser und legen Sie es mit einer Ecke in Ihre Richtung auf ein mit einem Geschirrtuch bedecktes Brett.
g) Legen Sie einen Tofustreifen horizontal in die Mitte des Blattes und belegen Sie ihn dann mit einem Stück Mais, einem Pak-Choi-Blatt und ein paar Sprossen.
h) Falten Sie die Ihnen zugewandte Ecke über die Füllung, rollen Sie dann das Reispapier auf, um die Füllung zu umschließen, und falten Sie nach der ersten vollständigen Drehung der Rolle eine Seite ein.
i) Wiederholen Sie diesen Vorgang mit den restlichen Reispapierblättern, Tofu, Mais, Pak Choi und Sprossen.
j) Servieren Sie die Brötchen mit der restlichen Chilisauce zum Dippen.

PIZZA

29. Süße und würzige Ananaspizza

ZUTATEN:
- Natives Olivenöl extra zum Einfetten
- ½ Pfund ungekneteter Brot- und Pizzateig
- ½ Tasse Chipotle-Salsa
- ¼ Tasse frischer Koriander oder Basilikum, gehackt
- 1 Tasse geriebener veganer Käse
- 1 Tasse frische Ananasstücke
- ½ Tasse geriebener veganer Käse
- 2 Frühlingszwiebeln, gehackt
- 1 Tasse Baby-Rucola

ANWEISUNGEN:
a) Heizen Sie den Ofen auf 450 °F vor. Ein Backblech einfetten.
b) Rollen Sie den Teig auf einer leicht bemehlten Arbeitsfläche ¼ Zoll dick aus.
c) Übertragen Sie den Teig vorsichtig auf das vorbereitete Backblech. Verteilen Sie die Chipotle-Salsa auf dem Teig und lassen Sie dabei einen 2,5 cm breiten Rand frei.
d) Den Koriander und dann die Fontina darüberstreuen. Die Ananas darüber schichten und mit veganem Käse abschließen.
e) Backen Sie die Pizza 10 bis 15 Minuten lang, bis die Kruste goldbraun ist und der Käse geschmolzen ist.
f) Mit Frühlingszwiebeln und Rucola belegen. In Scheiben schneiden und servieren.

30. Weiße Nektarinenpizza

ZUTATEN:
- 2 Esslöffel natives Olivenöl extra, plus etwas mehr zum Einfetten und Beträufeln
- ½ Pfund ungekneteter Brot- und Pizzateig
- 1 Esslöffel gehackter frischer Schnittlauch
- ¼ Tasse leicht verpackte frische Basilikumblätter, gehackt, plus mehr zum Garnieren
- 1 Knoblauchzehe, gerieben
- 1 Teelöffel zerstoßene rote Paprikaflocken
- 1½ Tassen geriebener veganer Käse
- 1 Nektarine oder Pfirsich, in dünne Scheiben geschnitten
- Koscheres Salz und frisch gemahlener Pfeffer
- 6 Brombeeren
- Balsamico-Essig zum Beträufeln
- Schatz, zum Beträufeln

ANWEISUNGEN:
a) Heizen Sie den Ofen auf 450 °F vor. Ein Backblech einfetten.
b) Rollen Sie den Teig auf eine Dicke von ¼ Zoll aus.
c) Übertragen Sie den Teig vorsichtig auf das vorbereitete Backblech.
d) Verteilen Sie die 2 Esslöffel Olivenöl auf dem Teig, lassen Sie dabei einen Rand von 2,5 cm frei und streuen Sie dann den gehackten Schnittlauch, das Basilikum, den Knoblauch und die Paprikaflocken darüber. Den veganen Käse hinzufügen.
e) Die Nektarinen darüber schichten und leicht mit Olivenöl beträufeln. Mit Salz und Pfeffer würzen. 10 bis 15 Minuten backen, bis die Kruste goldbraun ist und der Käse geschmolzen ist.
f) Nach Belieben mit Basilikumsplittern und Brombeeren belegen und mit Essig und Honig beträufeln. In Scheiben schneiden und servieren.

31.BBQ-Erdbeerpizza

ZUTATEN:
- 1 Pizzateig
- 1 Tasse veganer Käse und mehr zum Garnieren
- 2 Esslöffel Balsamico-Glasur
- 2 Tassen geschnittene Erdbeeren
- ⅓ Tasse gehacktes Basilikum
- Pfeffer nach Geschmack
- 1 Esslöffel Olivenöl zum Beträufeln

ANWEISUNGEN:
a) Pizzaboden auf dem Grill oder im Ofen zubereiten.
b) Vom Herd nehmen und mit Kräuter-Cashew-Frischkäse bestreichen.
c) Mit Basilikum und Erdbeeren bestreuen.
d) Mit Olivenöl und Balsamico-Glasur beträufeln und mit Pfeffer und mehr veganem Käse garnieren.

32.Feigen- und Radicchio-Pizza

ZUTATEN:
- 3 getrocknete Missionsfeigen
- ½ Tasse trockener Rotwein
- 2 Esslöffel rohe Walnussstücke
- Allzweckmehl
- 6 Unzen No-Knead-Pizzateig
- 2 Esslöffel natives Olivenöl extra
- ½ Kopf Radicchio, zerkleinert
- 2 Unzen veganer Käse, in Stücke geschnitten

ANWEISUNGEN:

a) Heizen Sie den Grill vor, wobei der Rost 5 Zoll vom Heizelement oder der Flamme entfernt ist. Wenn Sie für die Pizza eine gusseiserne Pfanne oder Grillpfanne verwenden, stellen Sie diese auf mittlere bis hohe Hitze, bis sie rauchend heiß wird (ca. 15 Minuten).

b) Übertragen Sie die Brat- oder Grillpfanne auf den Grill.

c) Geben Sie die Feigen in eine Pfanne bei mäßiger Hitze, gießen Sie den Wein hinein und bringen Sie alles zum Kochen. Schalten Sie den Herd aus und lassen Sie die Feigen mindestens 30 Minuten einweichen. Abtropfen lassen und dann in ½ Zoll große Stücke schneiden.

d) Die Walnussstücke in einer trockenen Pfanne bei mittlerer bis hoher Hitze 3 bis 4 Minuten rösten. Auf einen Teller geben, abkühlen lassen und dann grob hacken.

e) Um den Teig zu formen, bestäuben Sie eine Arbeitsfläche mit Mehl und legen Sie die Teigkugel darauf.

f) Mit Mehl bestäuben und einige Male kneten, bis der Teig zusammengefügt ist.

g) Formen Sie daraus eine 20 cm große Runde, indem Sie von der Mitte nach außen zu den Rändern drücken, sodass ein Rand von 2,5 cm dicker bleibt als der Rest.

h) Öffnen Sie die Backofentür und ziehen Sie den Rost mit der darauf befindlichen Kochfläche schnell heraus. Nehmen Sie den Teig und geben Sie ihn schnell auf die Kochfläche. Achten Sie dabei darauf, die Oberfläche nicht zu berühren.

i) 1 Esslöffel Öl auf den Teig träufeln, die Walnussstücke darauf verteilen, dann Radicchio, dann gehackte Feigen und dann Käse.

j) Schieben Sie den Rost zurück in den Ofen und schließen Sie die Tür. Grillen Sie die Pizza, bis sich die Kruste an den Rändern aufgebläht hat, die Pizza stellenweise schwarz geworden ist und der Käse 3 bis 4 Minuten lang geschmolzen ist.

k) Nehmen Sie die Pizza mit einem Holz- oder Metallschieber oder einem Stück Pappe heraus, legen Sie sie auf ein Schneidebrett und lassen Sie sie einige Minuten ruhen.

l) Den restlichen 1 Esslöffel Öl darüber träufeln, die Pizza vierteln, auf einen Teller legen und essen.

33. Pizza Bianca mit Pfirsichen

ZUTATEN:

- 12 Unzen Pizzateig
- Allzweckmehl zum Bestreuen
- 2 Esslöffel Olivenöl
- 3 Knoblauchzehen, fein gehackt
- 2 Pfirsiche, in Scheiben geschnitten
- 12 oz veganer Mozzarella, in Stücke geschnitten
- ½ Tasse geriebener veganer Mozzarella
- gemahlener Pfeffer zum Bestreuen
- ¼ Tasse dicht gepackte Basilikumblätter
- 1 Esslöffel Balsamico-Glasur zum Beträufeln

ANWEISUNGEN:

a) Den Ofen auf 230 °C vorheizen. Bestreuen Sie einen Pizzastein mit Allzweckmehl. Den Pizzateig zu einem groben Kreis mit einer Dicke von ¼ Zoll flach drücken. Mit Olivenöl bestreichen und mit gehacktem Knoblauch bestreuen.

b) Die Pizza mit den geschnittenen Pfirsichen und Mozzarellastücken dekorieren, mit dem geriebenen Mozzarella und etwas Pfeffer bestreuen.

c) 15 bis 20 Minuten kochen lassen, oder bis die Ränder goldbraun sind und der Mozzarella in der Mitte brodelt. Vom Herd nehmen und 5 Minuten abkühlen lassen.

d) Die Pizza mit frischen Basilikumblättern dekorieren und mit Balsamico-Glasur beträufeln.

34. Vegane Wassermelonen-Fruchtpizza

ZUTATEN:
- ½ Tasse ungesüßte Kokosmilch-Joghurt-Alternative
- 1 Teelöffel reiner Ahornsirup
- ¼ Teelöffel Vanilleextrakt
- 2 große runde Scheiben Wassermelone, aus der Mitte der Melone herausgeschnitten
- ⅔ Tasse geschnittene Erdbeeren
- ½ Tasse halbierte Blaubeeren oder Brombeeren
- 2 Esslöffel geröstete ungesüßte Kokosflocken

ANWEISUNGEN:
a) Kombinieren Sie Joghurtalternativen, Ahornsirup und Vanille in einer kleinen Schüssel.
b) Verteilen Sie ¼ Tasse der Joghurtmischung auf jeder Wassermelonenrunde.
c) Jede Runde in 8 Spalten schneiden.
d) Mit Erdbeeren und Blaubeeren belegen.
e) Mit Kokos bestreuen.

35. BBQ-Jackfruit-Pizza

ZUTATEN:
FÜR DIE JACKFRUIT
- 20-Unzen-Dose junge grüne Jackfrüchte in Salzlake oder Wasser, NICHT in Sirup
- ½ Tasse Ketchup
- ¼ Tasse Apfelessig
- ¼ Tasse Wasser
- 2 Esslöffel Tamari- oder Sojasauce, wenn Gluten nicht vermieden wird
- 1 Esslöffel Ahornsirup
- 1 Esslöffel gelber Senf
- 1 Teelöffel geräuchertes Paprikapulver
- 1 Teelöffel Knoblauchpulver
- 1 Teelöffel Zwiebelpulver

FÜR DIE PIZZA
- 2 12-Zoll-Mehrkorn-Fladenbrote/Teig
- ½ Rezept veganer Mozzarella-Käse
- ¼ Tasse rote Zwiebel, in dünne Scheiben geschnitten

ANWEISUNGEN:

a) Beginnen Sie mit der Herstellung Ihres veganen Mozzarella-Käses. Stellen Sie den Rest dann in den Kühlschrank, während Sie ihn zubereiten, damit er etwas fester wird und Sie ihn leichter auf die Kruste streichen können.

b) Lassen Sie die Jackfrucht abtropfen und spülen Sie sie gründlich ab, um den Geschmack der Salzlake abzuwaschen. Dann in eine Küchenmaschine geben und zerkleinern. Nicht verarbeiten, Sie möchten stückige Stücke, kein Hackfleisch.

c) Alternativ können Sie die Jackfrucht auch auf ein Schneidebrett legen und die Stücke mit den Fingern oder zwei Gabeln auseinanderziehen. Beiseite legen.

UM DIE JACKFRUIT ZU KOCHEN

d) Alle Saucenzutaten in einer kleinen Schüssel verquirlen und beiseite stellen.

e) Geben Sie die zerkleinerte Jackfrucht in eine Pfanne und gießen Sie die Sauce darüber. Bei mittlerer Hitze anbraten und gelegentlich umrühren, bis die Sauce größtenteils aufgesogen ist. Dies dauert etwa 8-10 Minuten.

MONTAGE

f) Heizen Sie Ihren Backofen auf 200 °C vor und legen Sie ein großes Backblech, auf das beide Fladenbrote passen, mit Backpapier aus oder verwenden Sie zwei kleinere Bleche.
g) Verteilen Sie die Jackfrucht auf Ihre beiden Fladenbrote und löffeln Sie den veganen Mozzarella mit einem Melonenausstecher oder einem Teelöffel aus. Den Käse über die gesamte Pizza verteilen und die roten Zwiebeln darüber streuen. 13–18 Minuten backen oder bis die Ränder goldbraun sind und der Mozzarella leicht geschmolzen ist.

36. Butternusskürbis-Pizza mit Äpfeln und Pekannüssen

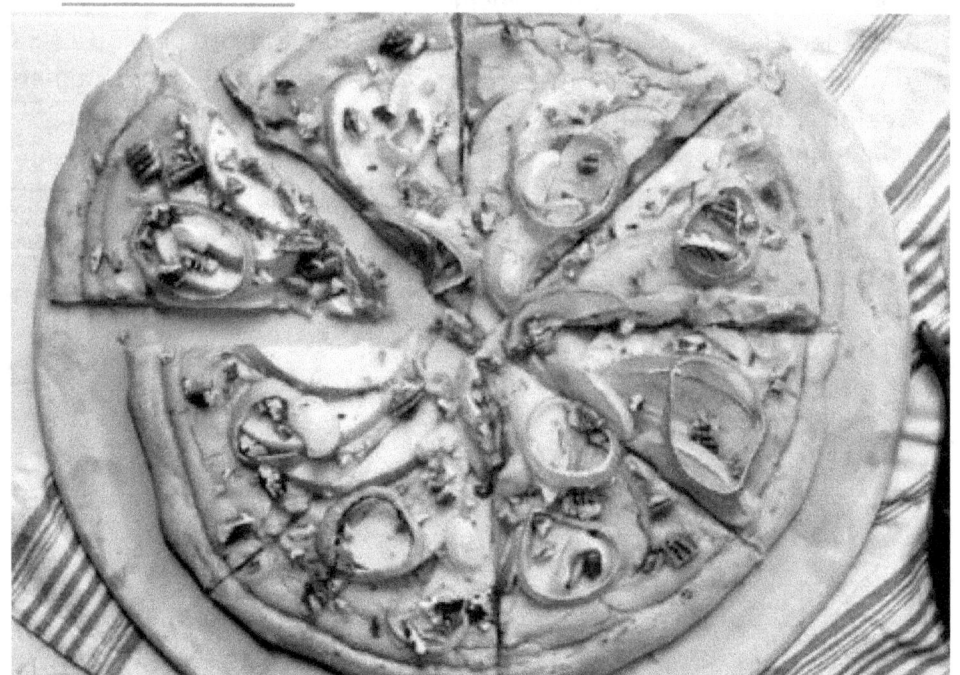

ZUTATEN:
FÜR DIE BUTTERNUT-KÜRBIS-SAUCE:
- 4 Tassen gewürfelter Butternusskürbis
- 2 Esslöffel natives Olivenöl extra
- 1 mittelgroße Knoblauchzehe, geschält
- 1 Esslöffel Nährhefeflocken
- 1 Teelöffel Dijon-Senf
- 1 Teelöffel frische Thymianblätter
- Eine Prise rote Paprikaflocken
- ½ Teelöffel koscheres Salz + mehr nach Geschmack
- ⅛ Teelöffel frisch gemahlener schwarzer Pfeffer + mehr nach Geschmack

FÜR DIE PIZZA:
- 1 Pfund 16 Unzen hausgemachter oder im Laden gekaufter Pizzateig
- 1 Portion Butternusskürbissauce
- 2 mittelgroße Äpfel
- ½ kleine rote Zwiebel, in dünne Scheiben geschnitten
- ⅓ Tasse Pekannüsse, gehackt
- 2 Esslöffel Olivenöl
- Ein paar Prisen koscheres Salz oder Meersalz
- Ein paar Blätter frischer Thymian

ANWEISUNGEN:
a) Den Ofen auf 450 Grad Fahrenheit vorheizen.
b) Machen Sie die Soße. Füllen Sie einen großen Topf zur Hälfte mit Wasser und stellen Sie ihn auf hohe Hitze. Butternusskürbis hinzufügen. Zum Kochen bringen und 6-7 Minuten kochen, bis es gabelzart ist.
c) Den Kürbis in einem Sieb abtropfen lassen und einige Minuten abkühlen lassen. In den Krug eines Hochgeschwindigkeitsmixers oder in die Schüssel einer Küchenmaschine mit S-Messer geben. Die restlichen Zutaten hinzufügen und pürieren, bis eine glatte Masse entsteht. Wenn die Sauce etwas verdünnt werden muss, fügen Sie etwas mehr Olivenöl hinzu, jeweils etwa einen Teelöffel.
d) Verteilen Sie den Teig in der gewünschten Form und Dicke auf einem Backblech oder Pizzastein. Butternusskürbissauce hinzufügen und mit einem Löffel verteilen. Mit Äpfeln, dann Zwiebeln und dann Pekannüssen belegen. Mit 2 EL Olivenöl beträufeln und ein paar Prisen Salz darüber streuen.

e) Backen, bis die Kruste goldbraun und durchgegart ist, die Äpfel und Zwiebeln zart sind und die Pekannüsse geröstet, aber nicht verbrannt sind, etwa 10 Minuten.
f) Mit frischem Thymian belegen, z.

37. Pizza aus Portobello und schwarzen Oliven

ZUTATEN:
- 1 Pizzateig
- 2 Esslöffel Olivenöl
- 2 Portobello-Pilzkappen, in ¼-Zoll-Scheiben geschnitten
- 1 Esslöffel fein gehacktes frisches Basilikum
- ¼ Teelöffel getrockneter Oregano
- Salz und frisch gemahlener schwarzer Pfeffer
- ½ Tasse Pizzasauce oder Marinara-Sauce

ANWEISUNGEN:

a) Den aufgegangenen Teig leicht flach drücken, mit Frischhaltefolie oder einem sauberen Geschirrtuch abdecken und 10 Minuten ruhen lassen.

b) Stellen Sie den Ofenrost auf die unterste Ebene des Ofens. Heizen Sie den Ofen auf 450 °F vor. Eine Pizzaform oder ein Backblech leicht einölen.

c) Legen Sie den entspannten Teig auf eine leicht bemehlte Arbeitsfläche und drücken Sie ihn mit den Händen flach. Dabei wenden und bemehlen Sie ihn regelmäßig, sodass eine 30 cm große Runde entsteht. Achten Sie darauf, die Mitte nicht zu überarbeiten, sonst wird die Mitte der Kruste zu dünn. Übertragen Sie den Teig auf die vorbereitete Pizzaform oder das Backblech.

d) In einer Pfanne 1 Esslöffel Öl bei mäßiger Hitze erhitzen.

e) Fügen Sie die Pilze hinzu und kochen Sie sie etwa 5 Minuten lang, bis sie weich sind. Vom Herd nehmen und Basilikum, Oregano sowie Salz und Pfeffer nach Geschmack hinzufügen. Die Oliven unterrühren und beiseite stellen.

f) Verteilen Sie den restlichen 1 Esslöffel Öl auf dem vorbereiteten Pizzateig und verteilen Sie ihn mit den Fingerspitzen gleichmäßig. Geben Sie die Pizzasoße darüber und verteilen Sie sie gleichmäßig bis etwa ½ Zoll vom Teigrand entfernt. Verteilen Sie die Gemüsemischung gleichmäßig auf der Soße, etwa ½ Zoll vom Teigrand entfernt.

g) Backen, bis die Kruste goldbraun ist, etwa 12 Minuten. Die Pizza in 8 Stücke schneiden und heiß servieren.

38. Vegane Pizza mit weißen Pilzen

ZUTATEN:
- 1 Pizzateig
- 2 Esslöffel Olivenöl
- ½ Tasse dünn geschnittene rote Zwiebel
- ¼ Tasse gehackte rote Paprika
- 1 Tasse geschnittene weiße Champignons
- ½ Tasse Pizzasauce oder Marinara-Sauce
- ¼ Teelöffel getrocknetes Basilikum
- Salz und frisch gemahlener schwarzer Pfeffer
- 2 Esslöffel in Scheiben geschnittene, entkernte Kalamata-Oliven

Optionale Toppings:
- Gedünstete Zucchini
- Geschnittene Peperoni
- Artischocken Herzen
- Sonnengetrocknete Tomaten

ANWEISUNGEN:
a) Stellen Sie den Ofenrost auf die unterste Ebene des Ofens. Heizen Sie den Ofen auf 450 °F vor. Eine Pizzaform oder ein Backblech leicht einölen.
b) Sobald der Pizzateig aufgegangen ist, drücken Sie ihn leicht flach, bedecken Sie ihn mit Frischhaltefolie oder einem sauberen Handtuch und legen Sie ihn zum Entspannen für 10 Minuten beiseite.
c) Legen Sie den Teig auf eine bemehlte Arbeitsfläche und drücken Sie ihn mit den Händen flach. Dabei wenden und bemehlen Sie ihn regelmäßig, sodass eine 30 cm große Runde entsteht. Achten Sie darauf, die Mitte nicht zu überarbeiten, sonst wird die Mitte der Kruste zu dünn. Übertragen Sie den Teig auf die vorbereitete Pizzaform oder das Backblech.
d) In einer Pfanne 1 Esslöffel Öl bei mäßiger Hitze erhitzen. Zwiebeln, Paprika und Pilze hinzufügen und ca. 5 Minuten kochen, bis sie weich sind. Vom Herd nehmen und beiseite stellen.
e) Verteilen Sie den restlichen 1 Esslöffel Öl auf dem vorbereiteten Pizzateig und verteilen Sie ihn mit den Fingerspitzen gleichmäßig.
f) Geben Sie die Pizzasoße darüber und verteilen Sie sie gleichmäßig bis etwa ½ Zoll vom Teigrand entfernt. Mit Oregano und Basilikum bestreuen.
g) Verteilen Sie die Gemüsemischung gleichmäßig auf der Soße, etwa ½ Zoll vom Teigrand entfernt.
h) Mit Salz und schwarzem Pfeffer abschmecken. Mit den Oliven und beliebigen Toppings bestreuen.
i) Backen, bis die Kruste goldbraun ist, etwa 12 Minuten. Die Pizza in 8 Stücke schneiden und heiß servieren.

39. Mini- Portobello-Pizzas

ZUTATEN:
- 1 Strauchtomate, in dünne Scheiben geschnitten
- ¼ Tasse frisch gehackter Basilikum
- Eine Prise natriumarmes Salz und Pfeffer
- 4 Unzen veganer Käse
- 20 Scheiben Peperoni
- 6 Esslöffel Olivenöl
- 4 Portobello-Pilzkappen

ANWEISUNGEN:
a) Kratzen Sie das gesamte Innere des Pilzes heraus.
b) Heizen Sie den Ofen auf hohe Grilltemperatur vor und bestreichen Sie die Innenseiten der Pilze mit Olivenöl. Mit Salz und Pfeffer würzen.
c) Den Pilz 3 Minuten braten.
d) Die Pilze umdrehen, mit Olivenöl bestreichen und mit Salz und Pfeffer würzen .
e) Weitere 4 Minuten braten .
f) In jeden Pilz ein Tomaten- und Basilikumblatt legen.
g) Belegen Sie jeden Pilz mit 5 Stück Peperoni und veganem Käse.
h) Weitere 2 Minuten braten .

40. Milde Mikrogrüne Waldpizza

ZUTATEN:
- 1 Pizzateig
- ½ Tasse Chimichurri
- ½ Tasse frischer veganer Käse, teilweise gefroren und gerieben
- 4 Unzen Cremini-Pilz, in Scheiben geschnitten
- 2 Unzen Broccolini
- 1½ Tassen Rucola
- ⅓ Tasse gehobelter veganer Käse
- Milde Mischung aus Microgreens

ANWEISUNGEN:
a) Bestreichen Sie einen Pizzaschieber mit Maismehl oder Grießmehl. Sie müssen Ihren Pizzaschieber mehr bestäuben, als Sie denken, damit er nicht festklebt und die Pizza nicht auf den Pizzastein rutscht.
b) Zur Seite gehen.
c) Wenn Sie bereit sind, den Teig zu formen und Ihre Pizza zu backen, heizen Sie Ihren Ofen mit dem Pizzastein vor.
d) Legen Sie den Stein auf das untere Drittel Ihres Ofens und heizen Sie ihn auf 500° vor.
e) Sobald mein Ofen vorgeheizt ist, stellen Sie einen Timer auf 30 Minuten.
f) Den Pizzateig auf eine großzügig bemehlte Fläche geben.
g) Dehnen Sie es zu einer Pizza aus oder teilen Sie es zunächst in zwei Hälften, um zwei separate Pizzen zuzubereiten. Kleinere Pizzen lassen sich leichter von der Schale auf den Pizzastein übertragen.
h) Achten Sie darauf, einen Rand oder eine Krustenkante freizulassen.
i) Den Teig auf die vorbereitete Schale geben.
j) Chimichurri mit einem Löffel in der Mitte der Pizza verteilen. Mit den meisten veganen Käsesorten belegen. Anschließend mit geschnittenen Cremini-Pilzen und Brokkolini-Röschen belegen.
k) 6 bis 9 Minuten backen. Oder bis die Kruste goldbraun ist, der Käse geschmolzen ist und die Broccolini und Pilze zart sind. Ich drehe die Pizza nach der Hälfte der Backzeit.
l) Herausnehmen und in Scheiben schneiden. Mit Rucola, mehr Käse, schwarzem Pfeffer und Microgreens belegen.

41. Pfifferlingpizza mit veganem Käse

ZUTATEN:
- 2 Pizzateig
- ½ Tasse Tomatenpüree
- ¼ Teelöffel Salz
- 1 Prise Knoblauchpulver
- 1 Portion vegane Käsesauce
- 3 Tassen Pfifferlinge
- 1 Esslöffel gehacktes frisches Basilikum
- 1 Esslöffel frischer Oregano

ANWEISUNGEN:
a) Heizen Sie den Ofen auf 250 °C vor.
b) Teilen Sie den Pizzateig in zwei gleich große Stücke und rollen Sie diese jeweils auf einem bemehlten Backpapier aus, bis ein schöner Pizzaboden entsteht.
c) Tomatenpüree mit Salz und Knoblauchpulver vermischen.
d) Zum Teig geben und mit einem großen Löffel verstreichen.
e) Bereiten Sie die vegane Käsesauce zu und geben Sie sie zur Pizza.
f) Pfifferlinge waschen und putzen. Große Stücke halbieren und zur Pizza geben.
g) Die Pizza in den Ofen schieben und etwa 10–15 Minuten backen.
h) Nach dem Backen die Pizza mit frischem Basilikum und Oregano belegen. Genießen!

42. Vegane weiße Pizza mit Pilzen und Schalotten

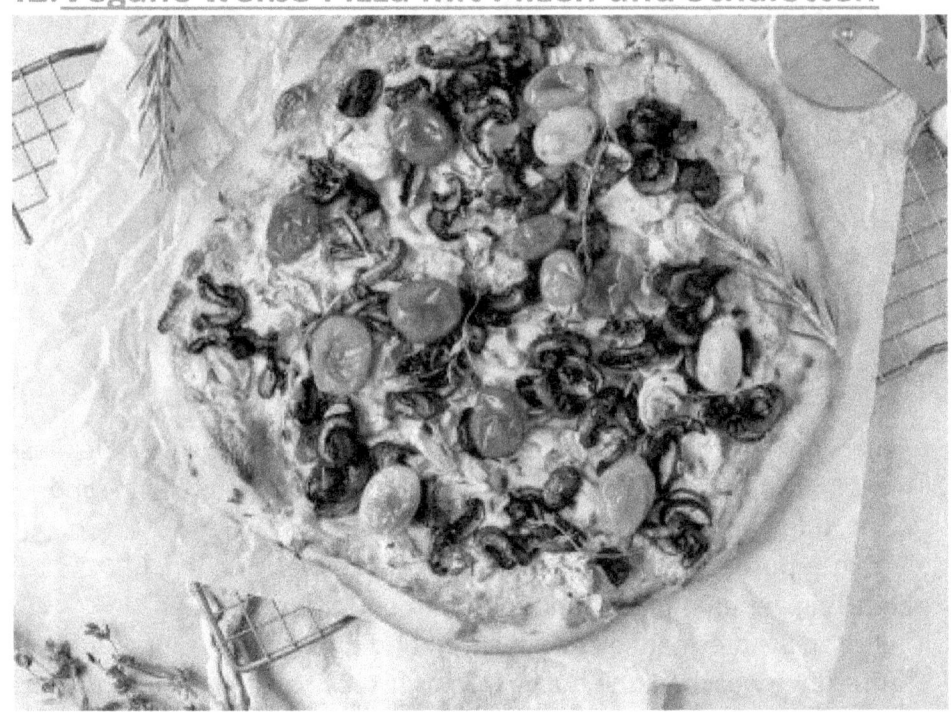

ZUTATEN:
- 16-Unzen-Packung vorgefertigter Pizzateig
- Mehl zum Ausrollen des Teigs
- 3 Esslöffel sonnengetrocknetes Tomatenöl aus dem Glas, getrennt
- 4 Shiitake-Pilzstiele entfernt und in dünne Scheiben geschnitten
- 1 Schalotte in dünne Scheiben geschnitten
- Salz und Pfeffer nach Geschmack
- 1 Teelöffel frischer Thymian gehackt
- 1 Teelöffel frisches Basilikum gehackt
- 1 Knoblauchzehe gehackt
- 4 Esslöffel veganer Frischkäse
- 3 Esslöffel veganer Milchkännchen
- ¼ Tasse sonnengetrocknete Tomaten, grob gehackt, Öl abtropfen lassen
- Rucola, Olivenöl, Basilikum und rote Paprikaflocken zum Servieren

ANWEISUNGEN:
a) Legen Sie den Teig auf eine leicht bemehlte Fläche und heizen Sie den Ofen auf 500 Grad vor. Lassen Sie den Teig auf Zimmertemperatur kommen und heizen Sie den Ofen 30 Minuten lang vor.
b) Während der Teig ruht, 1 Esslöffel sonnengetrocknetes Tomatenöl bei mittlerer Hitze in eine Pfanne geben. Pilze, Schalotten und eine Prise Pfeffer dazugeben und verrühren. 5 Minuten kochen lassen, dabei nur ein paar Mal umrühren. Eine Prise Salz hinzufügen und noch ein paar Minuten kochen lassen.
c) Vom Herd nehmen und beiseite stellen.
d) Die restlichen 2 Esslöffel Öl mit Thymian, Basilikum und Knoblauch in eine Schüssel geben. Umrühren und beiseite stellen.
e) Frischkäse und Sahne in einer Schüssel vermischen und glatt rühren. Beiseite legen.
f) Zum Zusammensetzen den Teig auf einem leicht geölten Backblech verteilen. Verteilen Sie es in der gewünschten Form. Die Öl-Kräuter-Mischung auf dem Teig verteilen. Mit sonnengetrockneten Tomaten belegen. Die Frischkäsemischung über die Tomaten träufeln. Zum Schluss die Pilze/Schalotten darüber verteilen. In den Ofen geben und 10 Minuten backen. Die Pizza wenden und weitere 3 Minuten backen.
g) Aus dem Ofen nehmen und mit Rucola, Basilikum, Paprikaflocken, einer Prise Salz und einem Schuss Olivenöl belegen.
h) Aufschneiden und servieren!

43. Gelbe Tomaten weiße Pizza

ZUTATEN:
- 2 Pizzateig
- 1 Yukon Gold-Kartoffel, geschält und in ¼-Zoll-Scheiben geschnitten
- Salz und frisch gemahlener schwarzer Pfeffer
- 2 Esslöffel Olivenöl
- 1 Vidalia oder eine andere süße Zwiebel, in ¼-Zoll-Scheiben geschnitten
- 6 bis 8 frische Basilikumblätter
- 2 reife gelbe Tomaten, in ¼-Zoll-Scheiben geschnitten

ANWEISUNGEN:
a) Stellen Sie den Ofenrost auf die unterste Ebene des Ofens. Heizen Sie den Ofen auf 450 °F vor. Die Kartoffelscheiben auf einem leicht geölten Backblech anrichten und mit Salz und Pfeffer abschmecken. Etwa 10 Minuten backen, bis sie weich und goldbraun sind. Beiseite legen. Eine Pizzaform oder ein Backblech leicht einölen.

b) Sobald der Pizzateig aufgegangen ist, drücken Sie ihn leicht flach, bedecken Sie ihn mit Frischhaltefolie oder einem sauberen Handtuch und legen Sie ihn zum Entspannen für 10 Minuten beiseite.

c) Legen Sie den entspannten Teig auf eine leicht bemehlte Arbeitsfläche und drücken Sie ihn mit den Händen flach. Dabei wenden und bemehlen Sie ihn regelmäßig, sodass eine 30 cm große Runde entsteht. Achten Sie darauf, die Mitte nicht zu überarbeiten, sonst wird die Mitte der Kruste zu dünn. Übertragen Sie den Teig auf die vorbereitete Pizzaform oder das Backblech.

d) In einer Pfanne 1 Esslöffel Öl bei mäßiger Hitze erhitzen. Fügen Sie die Zwiebel hinzu und kochen Sie sie unter häufigem Rühren etwa 30 Minuten lang, bis sie weich und karamellisiert ist. Vom Herd nehmen, mit Oregano sowie Salz und Pfeffer abschmecken und beiseite stellen.

e) Verteilen Sie den restlichen 1 Esslöffel Olivenöl auf dem vorbereiteten Pizzateig und verteilen Sie ihn mit den Fingerspitzen gleichmäßig. Geben Sie die karamellisierten Zwiebeln darauf und verteilen Sie sie gleichmäßig auf etwa ½ Zoll

f) vom Teigrand entfernen. Mit den Basilikumblättern belegen und dann die Kartoffel- und Tomatenscheiben auf den Zwiebeln und dem Basilikum anrichten.

g) Backen, bis die Kruste goldbraun ist, etwa 12 Minuten. Die Pizza in 8 Stücke schneiden und heiß servieren.

44. Brokkoli Pizza

ZUTATEN:
- Allzweckmehl zum Bestäuben eines Pizzaschiebers oder Antihaftspray zum Einfetten eines Pizzablechs
- 1 hausgemachter Teig
- 2 Esslöffel ungesalzene Butter
- 2 Esslöffel Allzweckmehl
- 1¼ Tassen normale Kokosmilch
- 6 Unzen veganer Käse, gerieben
- 1 Teelöffel Dijon-Senf
- 1 Teelöffel Stielthymianblätter oder ½ Teelöffel getrockneter Thymian
- ½ Teelöffel Salz
- Mehrere Spritzer scharfe rote Pfeffersauce
- 3 Tassen frische Brokkoliröschen, gedünstet oder gefroren, aufgetaut
- 2 Unzen veganer Käse, fein gerieben

ANWEISUNGEN:
a) Einen Pizzaschieber mit Mehl bestäuben. Legen Sie den Teig in die Mitte der Schale und formen Sie den Teig zu einem Kreis, indem Sie ihn mit den Fingerspitzen vertiefen.

b) Nehmen Sie den Teig und drehen Sie ihn, indem Sie ihn am Rand festhalten und dabei leicht daran ziehen, bis die Kruste einen Kreis von etwa 14 Zoll Durchmesser hat. Legen Sie es mit der bemehlten Seite nach unten auf die Schale.

c) Fetten Sie das eine oder andere mit Antihaftspray ein. Legen Sie den Teig auf das Blech oder Backblech und drücken Sie mit den Fingerspitzen Vertiefungen in den Teig, bis ein flacher Kreis entsteht. Die Butter in einem Topf bei mäßiger Hitze schmelzen. Das Mehl unterrühren, bis eine glatte Masse entsteht und die resultierende Mischung etwa 1 Minute lang sehr hellblond wird.

d) Reduzieren Sie die Hitze auf mittlere bis niedrige Stufe, rühren Sie die Kokosmilch unter und gießen Sie sie in einem langsamen, gleichmäßigen Strahl in die Butter-Mehl-Mischung. Weiter über der Hitze verquirlen, bis die Masse eingedickt ist.

e) Nehmen Sie die Pfanne vom Herd und verquirlen Sie den geriebenen veganen Käse, Senf, Thymian, Salz und scharfe rote Pfeffersauce. 10 bis 15 Minuten abkühlen lassen, dabei gelegentlich umrühren.

f) Wenn Sie frischen Teig verwenden, schieben Sie die geformte, aber noch nicht belegte Kruste von der Schale auf den heißen Stein oder

legen Sie die Kruste auf das Backblech oder Backblech im Ofen oder über den unbeheizten Teil des Grillrosts.
g) Bei geschlossenem Deckel ca. 12 Minuten lang backen oder grillen, bis die Kruste hellbraun ist. Dabei darauf achten, dass keine Luftblasen auf der Oberfläche oder am Rand entstehen.
h) Schieben Sie die Schale zurück unter die Kruste, um sie vom Stein zu lösen – oder legen Sie das Pizzablech mit der Kruste auf einen Rost.
i) Verteilen Sie die dicke Käsesauce auf der Kruste und lassen Sie am Rand einen Rand von ½ Zoll frei. Mit den Brokkoliröschen belegen.

45. Mangoldpizza

ZUTATEN:

- 1 selbstgemachter Teig,
- 2 Esslöffel ungesalzene Butter
- 3 Knoblauchzehen, gehackt
- 4 Tassen dicht gepackte, zerkleinerte Mangoldblätter mit Stiel
- 6 Unzen veganer Käse, gerieben
- ½ Teelöffel geriebene Muskatnuss
- ½ Teelöffel rote Paprikaflocken, optional

ANWEISUNGEN:

a) Einen Pizzaschieber mit Mehl bestäuben und den Teig in die Mitte legen. Formen Sie den Teig zu einem Kreis, indem Sie ihn mit den Fingerspitzen vertiefen.

b) Frischer Pizzateig auf einem Pizzastein. Bestäuben Sie einen Pizzaschieber mit Maismehl und legen Sie den Teig in die Mitte. Formen Sie daraus einen Kreis, indem Sie mit den Fingerspitzen Grübchen hineindrücken. Heben Sie es auf und formen Sie es mit Ihren Händen. Halten Sie dabei den Rand fest und drehen Sie den Teig langsam, bis er einen Durchmesser von etwa 35 cm hat. Legen Sie es mit der bemehlten Seite nach unten auf die Schale.

c) Fetten Sie eines davon mit Antihaftspray ein. Legen Sie den Teig auf das Blech oder Backblech und drücken Sie mit den Fingerspitzen Vertiefungen in den Teig. Ziehen und drücken Sie ihn dann, bis er auf dem Blech einen Kreis von 14 Zoll oder auf dem Backblech ein unregelmäßiges Rechteck von 12 × 7 Zoll bildet.

d) Legen Sie es auf einen Pizzaschieber, wenn Sie einen Pizzastein verwenden – oder legen Sie den gebackenen Boden direkt auf ein Pizzablech.

e) Die Butter in einer Pfanne bei mäßiger Hitze erhitzen. Den Knoblauch hinzufügen und 1 Minute kochen lassen.

f) Fügen Sie das Gemüse hinzu und kochen Sie es unter häufigem Wenden mit einer Zange oder zwei Gabeln etwa 4 Minuten lang, bis es weich und zusammengefallen ist. Beiseite legen.

g) Streuen Sie den geriebenen veganen Käse über den Teig und lassen Sie am Rand einen Rand von ½ Zoll frei.

h) Geben Sie die Gemüsemischung aus der Pfanne darauf und streuen Sie dann den Käse über die Pizza. Reiben Sie die Muskatnuss darüber und streuen Sie nach Belieben die roten Paprikaflocken darüber.

i) Schieben Sie die Pizza aus der Schale auf den heißen Stein oder legen Sie den Kuchen auf das Blech oder Mehlblech, entweder im Ofen oder auf dem unbeheizten Teil des Grills. Bei geschlossenem Deckel backen oder grillen, bis der Käse geschmolzen ist, Blasen bildet und sich die Kruste fest anfühlt, 16 bis 18 Minuten.
j) Schieben Sie die Schale zurück unter den Kuchen, um ihn vom heißen Stein zu lösen, und legen Sie ihn dann beiseite – oder legen Sie den Kuchen auf seinem Blech oder Backblech auf einen Rost.
k) Vor dem Schneiden 5 Minuten abkühlen lassen.

46. Pizza mit Erbsen und Karotten

ZUTATEN:
- 1 hausgemachter Teig
- 2 Esslöffel ungesalzene Butter
- 1½ Esslöffel Allzweckmehl
- ½ Tasse Kokosmilch
- ½ Tasse schwere Sahne, Schlagsahne oder leichte Sahne 3 Unzen
- 2 Teelöffel stängelige Thymianblätter
- ½ Teelöffel geriebene Muskatnuss
- 1 Tasse frische, geschälte oder gefrorene Erbsen, aufgetaut
- 1 Tasse gewürfelte Karotten
- 3 Knoblauchzehen, gehackt
- 1 Unze veganer Käse, fein gerieben

ANWEISUNGEN:

a) Einen Pizzaschieber mit Mehl bestäuben, den Teig in die Mitte legen und den Teig mit den Fingerspitzen zu einem flachen Kreis formen. Heben Sie ihn auf und formen Sie ihn, indem Sie ihn am Rand festhalten, ihn langsam drehen und den Teig vorsichtig dehnen, bis der Kreis einen Durchmesser von etwa 35 cm hat.

b) Legen Sie den Teig mit der bemehlten Seite nach unten auf die Schale.

c) Fetten Sie beide mit Antihaftspray ein und legen Sie den Teig in die Mitte. Drücken Sie mit den Fingerspitzen in den Teig, bis er ein flacher, gequetschter Kreis ist. Ziehen Sie ihn dann heraus und drücken Sie ihn, bis er auf dem Blech einen 35 cm großen Kreis oder auf dem Backblech ein unregelmäßiges 30 x 17 cm großes Rechteck bildet.

d) Legen Sie es auf einen bemehlten Pizzaschieber, wenn Sie einen Pizzastein verwenden – oder legen Sie den gebackenen Boden direkt auf ein Pizzablech.

e) Die Butter in einer Pfanne bei mäßiger Hitze schmelzen. Das Mehl unterrühren und weiterrühren, bis eine glatte, sehr hellbeige Masse entsteht.

f) Die Kokosmilch in einem langsamen, gleichmäßigen Strahl einrühren und dann die Sahne unterrühren.

g) Den geriebenen Käse, Thymian und Muskatnuss unterrühren, bis eine glatte Masse entsteht. 10 Minuten bei Raumtemperatur abkühlen lassen.

h) Schieben Sie in der Zwischenzeit die unbedeckte Kruste von der Schale auf den erhitzten Stein oder legen Sie die Kruste auf das Backblech im Ofen oder über den unbeheizten Teil des Grillrosts.

i) Bei geschlossenem Deckel backen oder grillen, bis sich die Kruste an den Rändern fest anfühlt und gerade anfängt, etwa 10 Minuten lang zu bräunen.

j) Schieben Sie die Schale zurück unter die teilweise gebackene Kruste und nehmen Sie sie aus dem Ofen oder Grill – oder legen Sie die Kruste auf dem Blech oder Backblech auf einen Rost.

k) Verteilen Sie die angedickte Soße auf Kokosmilchbasis auf der Kruste und lassen Sie am Rand einen Rand von ½ Zoll frei.

l) Geben Sie die Erbsen und Karotten auf die Soße und streuen Sie dann den Knoblauch gleichmäßig über den Kuchen. Zum Schluss den geriebenen veganen Käse über die Toppings streuen.

47. Pizza mit Kartoffeln, Zwiebeln und Chutney

ZUTATEN:
- 1 hausgemachter Teig
- 12 Unzen weiße kochende Kartoffeln, geschält
- 6 Esslöffel Mango-Chutney
- Chutney
- 6 Unzen veganer Käse, gerieben
- 3 Esslöffel gehackte Dillwedel oder 1 Esslöffel getrockneter Dill
- 1 süße Zwiebel

ANWEISUNGEN:

a) Einen Pizzaschieber leicht mit Mehl bestäuben. Fügen Sie den Teig hinzu und formen Sie ihn zu einem Kreis, indem Sie ihn mit den Fingerspitzen vertiefen. Heben Sie es auf, halten Sie es an der Kante und drehen Sie es langsam, wobei Sie es dabei dehnen, bis es einen Durchmesser von etwa 14 Zoll hat. Legen Sie den Teig mit der bemehlten Seite nach unten auf die Schale.

b) Fetten Sie das Blech oder Backblech mit Antihaftspray ein. Legen Sie den Teig in die Mitte einer der Vertiefungen und drücken Sie ihn mit den Fingerspitzen zu einem dicken, abgeflachten Kreis. Ziehen und drücken Sie dann den Teig, bis er auf dem Blech einen Kreis von 14 Zoll oder auf dem Blech ein unregelmäßiges Rechteck von 12 x 7 Zoll bildet Backblech.

c) Legen Sie es auf einen Pizzaschieber, wenn Sie einen Pizzastein verwenden – oder legen Sie den gebackenen Boden auf ein Pizzablech. Während der Ofen oder Grill heizt, bringen Sie etwa 2,5 cm großes Wasser in einem Topf mit Gemüsedampfgarer zum Kochen. Fügen Sie die Kartoffeln hinzu, decken Sie sie ab, reduzieren Sie die Hitze auf mittlere Stufe und dünsten Sie sie etwa 10 Minuten lang, bis sie weich sind, wenn Sie sie mit einer Gabel einstechen. In ein Sieb im Spülbecken geben und 5 Minuten abkühlen lassen, dann in sehr dünne Scheiben schneiden.

d) Verteilen Sie das Chutney gleichmäßig auf der vorbereiteten Kruste und lassen Sie am Rand einen Rand von etwa ½ Zoll frei. Gleichmäßig mit dem geriebenen veganen Käse belegen. Die Kartoffelscheiben gleichmäßig und dekorativ auf dem Kuchen verteilen und mit Dill bestreuen. Die Zwiebel durch den Stiel halbieren. Legen Sie es mit der Schnittfläche nach unten auf Ihr Schneidebrett und schneiden Sie mit einem sehr scharfen Messer hauchdünne Scheiben ab. Trennen Sie diese Scheiben in ihre Streifen und legen Sie diese über den Kuchen.

e) Schieben Sie den Kuchen von der Schale auf den sehr heißen Stein und achten Sie dabei darauf, dass der Belag an seinem Platz bleibt, oder legen Sie den Kuchen auf das Backblech oder Backblech im Ofen oder auf den Teil des Grillrosts, der nicht direkt über der Hitzequelle liegt . Bei geschlossenem Deckel backen oder grillen, bis die Kruste am Rand leicht gebräunt ist, an der Unterseite noch dunkler gebräunt, 16 bis 18 Minuten. Sollten am Rand oder in der Mitte des frischen Teigs Luftblasen entstehen, diese mit einer Gabel zerdrücken, um eine gleichmäßige Kruste zu erhalten.

f) Schieben Sie die Schale zurück unter die heiße Torte auf den Stein oder legen Sie die Torte auf dem Blech oder Backblech auf einen Rost. Vor dem Schneiden und Servieren 5 Minuten abkühlen lassen.

48. Pizza mit gerösteten Wurzeln

ZUTATEN:
- Allzweckmehl zum Bestäuben der Pizzaschale oder Olivenöl zum Einfetten des Pizzablechs
- 1 hausgemachter Teig
- ½ Knoblauchzehe
- ½ Süßkartoffeln, geschält, der Länge nach halbiert und in dünne Scheiben geschnitten
- ½ Fenchelknolle, halbiert, geputzt und in dünne Scheiben geschnitten
- ½ Pastinaken, geschält, der Länge nach halbiert und in dünne Scheiben geschnitten
- 1 Esslöffel Olivenöl
- ½ Teelöffel Salz
- 4 Unzen veganer Käse, gerieben
- 1 Unze veganer Käse, fein gerieben
- 1 Esslöffel sirupartiger Balsamico-Essig

ANWEISUNGEN:
a) Einen Pizzaschieber leicht mit Mehl bestäuben. Fügen Sie den Teig hinzu und formen Sie ihn zu einem Kreis, indem Sie ihn mit den Fingerspitzen vertiefen. Heben Sie es auf, halten Sie es mit beiden Händen am Rand fest und drehen Sie es langsam, wobei Sie den Rand jedes Mal ein wenig dehnen, bis der Kreis einen Durchmesser von etwa 14 Zoll hat. Mit der bemehlten Seite nach unten auf die Schale legen.
b) Fetten Sie das Blech oder Backblech mit etwas Olivenöl ein und tupfen Sie es auf ein Papiertuch. Legen Sie den Teig mit den Fingerspitzen in die Mitte einer der Vertiefungen. Ziehen Sie dann daran und drücken Sie ihn, bis er auf dem Blech einen 14-Zoll-Kreis oder auf dem Backblech ein unregelmäßiges Rechteck von etwa 12 × 7 Zoll bildet.
c) Legen Sie es auf einen bemehlten Pizzaschieber, wenn Sie einen Pizzastein verwenden – oder legen Sie den gebackenen Boden direkt auf ein Pizzablech.
d) Wickeln Sie die ungeschälten Knoblauchzehen in eine Alufolie und backen oder grillen Sie sie 40 Minuten lang direkt über der Hitze.
e) In der Zwischenzeit Süßkartoffel, Fenchel und Pastinaken in einer Schüssel mit Olivenöl und Salz vermischen. Den Inhalt der Schüssel auf ein Backblech gießen. In den Ofen oder über den unbeheizten Bereich des Grills stellen und unter gelegentlichem Wenden 15 bis 20 Minuten lang rösten, bis es weich und süß ist.

f) Geben Sie den Knoblauch auf ein Schneidebrett und öffnen Sie die Packung. Achten Sie dabei darauf, dass kein Dampf entsteht. Legen Sie außerdem das Backblech mit dem Gemüse auf einen Rost.
g) Erhöhen Sie die Temperatur des Ofens oder Gasgrills auf 450 °F oder legen Sie noch ein paar Kohlen auf den Holzkohlegrill, um die Hitze etwas zu erhöhen.
h) Verteilen Sie den geriebenen veganen Käse auf der vorbereiteten Kruste und lassen Sie am Rand einen Rand von ½ Zoll frei. Den Käse mit dem gesamten Gemüse belegen und den breiigen, weichen Knoblauch aus seinen papierartigen Schalen auf den Kuchen drücken. Mit dem geriebenen veganen Käse belegen.
i) Schieben Sie die Pizza von der Schale auf den heißen Stein oder legen Sie die Pizza auf ihr Blech oder Backblech entweder in den Ofen oder über den unbeheizten Bereich des Grills.
j) Bei geschlossenem Deckel backen oder grillen, bis die Kruste goldbraun geworden ist und sogar am Boden etwas dunkler geworden ist, bis der Käse geschmolzen ist und zu bräunen beginnt, 16 bis 16 Minuten.
k) Schieben Sie die Schale zurück unter die Kruste, um sie vom heißen Stein zu lösen, oder legen Sie die Pizza auf dem Blech oder Backblech auf einen Rost. 5 Minuten beiseite stellen.
l) Sobald der Kuchen etwas abgekühlt ist, beträufeln Sie ihn mit dem Balsamico-Essig und schneiden ihn dann zum Servieren in Stücke.

49.Pizza mit Rucola-Salat

ZUTATEN:
- Ein Vollkornpizzateig
- Mahlzeit mit Getreide
- ⅓ Tasse Marinara-Sauce
- 1½ Teelöffel getrockneter Oregano
- 1 Tasse geriebener veganer Käse
- 2 Tassen gemischter frischer Rucola und Babyspinat
- 1½ Tassen frische gelbe Kirschtomaten halbiert
- ½ rote Paprika, gewürfelt
- 1 reife Avocado, in Scheiben geschnitten ¼ Tasse geröstete Pistazien
- 1 Esslöffel Balsamico-Essig

ANWEISUNGEN:
a) Heizen Sie den Ofen auf 350 °F vor.
b) Rollen Sie den Pizzateig so aus, dass er in eine 14-Zoll-Pizzaform oder einen Pizzastein passt.
c) Die Pfanne oder den Stein mit Maismehl bestreuen und den Teig darauf verteilen.
d) Verteilen Sie die Marinara-Sauce auf dem Teig und streuen Sie Oregano und veganen Käse darüber.
e) Die Pfanne oder den Stein in den Ofen stellen und 30 bis 35 Minuten backen, bis die Kruste goldbraun ist und sich fest anfühlt.
f) In der letzten Minute vor dem Servieren die Kruste aus dem Ofen nehmen und mit Rucola, Babyspinat, Tomaten, Paprika, Avocado und Pistazien belegen.
g) Das Grün wird schnell welken. Mit Essig und Olivenöl beträufeln. Sofort servieren.

50.Karamellisierte Zwiebelpizza

ZUTATEN:
- ¼ Tasse Olivenöl zum Braten von Zwiebeln
- 6 Tassen dünn geschnittene Zwiebeln
- 6 Knoblauchzehen
- 3 Esslöffel frischer Thymian
- 1 Lorbeerblatt
- Salz und Pfeffer
- 2 Esslöffel Öl zum Beträufeln auf der Pizza
- 1 Esslöffel abgetropfte Kapern
- 1½ Esslöffel Pinienkerne

ANWEISUNGEN:
a) ¼ Tasse Olivenöl erhitzen und Zwiebeln, Knoblauch, Thymian und Lorbeerblatt hinzufügen.
b) Unter gelegentlichem Rühren ca. 45 Minuten kochen, bis die meiste Feuchtigkeit verdampft ist und die Zwiebelmischung sehr weich, fast glatt und karamellisiert ist.
c) Das Lorbeerblatt wegwerfen und mit Salz und Pfeffer würzen.
d) Bedecken Sie den Teig mit der Zwiebelmischung, bestreuen Sie ihn mit Kapern und Pinienkernen und beträufeln Sie ihn gegebenenfalls mit dem restlichen Olivenöl.
e) Im vorgeheizten Ofen bei 500 Grad 10 Minuten backen oder bis es goldbraun ist. Die Backzeit variiert je nachdem, ob Sie auf einem Stein, einem Sieb oder in einer Pfanne backen.

51. Griddle S Pinach Pizza

ZUTATEN:
- ¼ Tasse Marinara-Sauce
- ¼ Tasse gehackter frischer Spinat
- ¼ Tasse geriebener veganer Käse
- ¼ Tasse geviertelte Kirschtomaten
- ⅛ Teelöffel Oregano

ANWEISUNGEN:
a) Mehl, Wasser, Öl und Salz glatt rühren.
b) Den Teig auf eine heiße, mit Kochspray besprühte Grillplatte gießen.
c) Jede Seite 4-5 Minuten lang erhitzen, bis die Kruste anfängt zu bräunen.
d) Drehen Sie den Boden noch einmal um und belegen Sie ihn mit Marinara-Sauce, Spinat, Käse, Tomaten und Oregano.
e) 3 Minuten lang erhitzen oder bis der Käse schmilzt.

52. Eine Rucola-Zitronen-Pizza

ZUTATEN:

- 1 Pizzateig
- 2 Tassen Tomatenpüree
- 1 Knoblauchzehe, zerdrückt
- 1 Teelöffel getrockneter Oregano
- 1 Teelöffel Tomatenmark
- ½ Teelöffel Salz
- Gemahlener schwarzer Pfeffer
- ¼ Teelöffel rote Paprikaflocken
- 2 Tassen geriebener veganer Käse
- ½ Tasse geriebener veganer Käse
- Optional, aber schön
- ½ Bund Rucola, gereinigt und getrocknet
- ½ Zitrone
- Ein Spritzer Olivenöl

ANWEISUNGEN:

a) Das Tomatenpüree in eine Pfanne geben und bei mäßiger Hitze erhitzen. Knoblauch, Oregano und Tomatenmark hinzufügen. Umrühren, um sicherzustellen, dass die Paste vom Püree absorbiert wurde.

b) Zum Kochen bringen, dann die Hitze reduzieren und umrühren, um sicherzustellen, dass die Sauce nicht klebt. Die Soße ist in 15 Minuten fertig oder kann länger, bis zu einer halben Stunde, köcheln. Es reduziert sich um etwa ein Viertel, sodass Sie mindestens eine ¾ Tasse Püree pro Pizza erhalten.

c) Mit Salz abschmecken, entsprechend würzen und den schwarzen Pfeffer und/oder die roten Pfefferflocken hinzufügen. Die Knoblauchzehe entfernen.

d) Geben Sie die Sauce in die Mitte des Teigkreises und verteilen Sie sie mit einem Gummispatel, bis die Oberfläche vollständig bedeckt ist.

e) Den veganen Käse auf die Sauce geben. Denken Sie daran, dass sich der Käse ausbreitet, wenn er im Ofen schmilzt. Machen Sie sich also keine Sorgen, wenn es den Anschein hat, als wäre Ihre Pizza nicht ausreichend mit Käse bedeckt.

f) In einen vorgeheizten Ofen bei 200 °C stellen und wie für den Pizzateig angegeben backen.

g) Wenn die Pizza fertig ist, garnieren Sie sie mit veganem Käse und Rucola.

h) Drücken Sie die Zitrone über das ganze Gemüse und/oder beträufeln Sie es nach Wunsch mit Olivenöl.

53. Gartenfrische Pizza

ZUTATEN:
- Zwei gekühlte Hörnchen
- Zwei Packungen Cashew-Frischkäse, weich
- ⅓ Tasse Mayonnaise
- 1,4-Unzen-Packung trockene Gemüsesuppenmischung
- 1 Tasse Radieschen, in Scheiben geschnitten
- ⅓ Tasse gehackte grüne Paprika
- ⅓ Tasse gehackte rote Paprika
- ⅓ Tasse gehackte gelbe Paprika
- 1 Tasse Brokkoliröschen
- 1 Tasse Blumenkohlröschen
- ½ Tasse gehackte Karotte
- ½ Tasse gehackter Sellerie

ANWEISUNGEN:
a) Stellen Sie Ihren Ofen auf 400 Grad F ein, bevor Sie etwas anderes tun.
b) Den Hörnchenrollenteig auf dem Boden einer 27 x 35 cm großen Jellyroll-Pfanne verteilen.
c) Drücken Sie mit den Fingern alle Nähte zusammen, sodass eine Kruste entsteht.
d) Alles etwa 10 Minuten im Ofen garen.
e) Alles aus dem Ofen nehmen und zum vollständigen Abkühlen beiseite stellen.
f) In einer Schüssel Mayonnaise, Cashew-Frischkäse und Gemüsesuppenmischung vermischen.
g) Die Mayonnaise-Mischung gleichmäßig auf dem Boden verteilen und alles gleichmäßig mit dem Gemüse belegen und vorsichtig in die Mayonnaise-Mischung drücken.
h) Decken Sie die Pizza mit Plastikfolie ab und stellen Sie sie über Nacht in den Kühlschrank.

54. Roma Fontina Pizza

ZUTATEN:

- ¼ Tasse Olivenöl
- 1 Esslöffel gehackter Knoblauch
- ½ Teelöffel Meersalz
- 8 Roma-Tomaten, in Scheiben geschnitten
- Zwei 12 Zoll große vorgebackene Pizzaböden
- 12 Unzen geriebener veganer Käse
- 10 frische Basilikumblätter, zerkleinert

ANWEISUNGEN:

a) Stellen Sie Ihren Ofen auf 400 Grad F ein, bevor Sie etwas anderes tun.
b) In einer Schüssel Tomaten, Knoblauch, Öl und Salz vermischen und etwa 15 Minuten beiseite stellen.
c) Bestreichen Sie jeden Pizzaboden mit etwas Tomatenmarinade.
d) Alles mit dem veganen Käse belegen, gefolgt von den Tomaten und dem Basilikum.

55. Spinat-Artischocken-Pizza

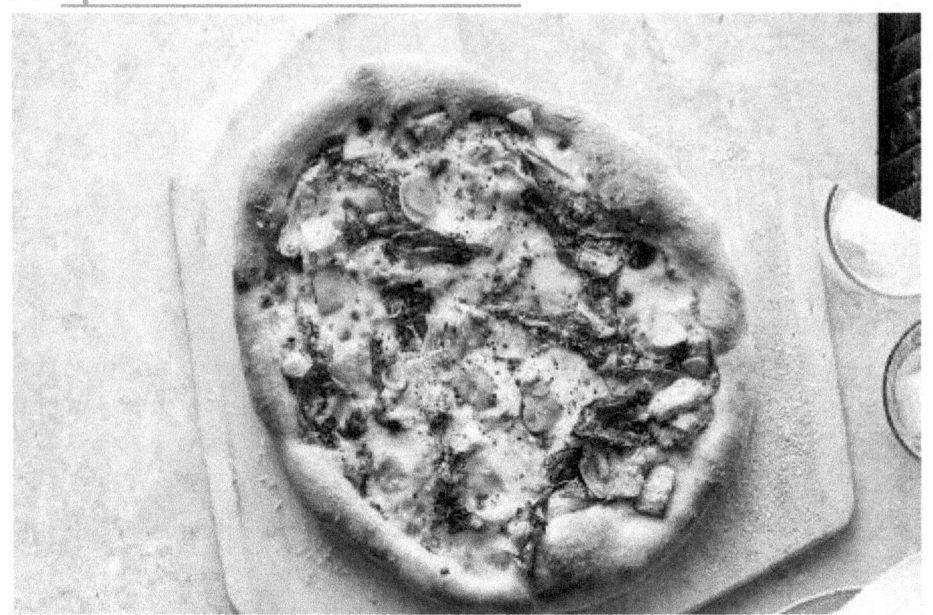

ZUTATEN:
- 1 Dose weiße Bohnen
- ¼ Tasse Wasser
- 2 Esslöffel Nährhefe
- ½ Tasse Cashewnüsse
- 1 Esslöffel frischer Zitronensaft
- 1 Zwiebel, gehackt
- 5 Tassen frischer Spinat
- 2 Knoblauchzehen, gehackt
- 1 Dose Artischockenherzen, abgetropft
- Salz
- schwarzer Pfeffer
- rote Paprikaflocken
- 2 vorgefertigter Pizzateig
- ½ Tasse veganer Mozzarella-Käse

ANWEISUNGEN:

a) Heizen Sie den Ofen auf 350 °F vor.

b) Spülen Sie die weißen Bohnen aus der Dose ab, lassen Sie sie abtropfen und geben Sie sie zusammen mit den Cashewnüssen, dem Zitronensaft, dem Wasser und der Nährhefe in einen Mixer. Wenn Sie es Ihrem Mixer etwas leichter machen möchten, können Sie ihn vor der Verwendung 4–6 Stunden lang in Wasser einweichen. Zur Seite legen.

c) Etwas Öl in einer großen Pfanne erhitzen und die Zwiebeln etwa 3 Minuten anbraten, bis sie glasig werden. Nach 2 Minuten den Knoblauch hinzufügen. Dann 2 Tassen Spinat hinzufügen und weitere 3 Minuten kochen lassen. Die Mischung aus weißen Bohnen und Cashewnüssen unterrühren. Mit Salz, Pfeffer und roten Pfefferflocken würzen.

d) Gleichmäßig auf dem Pizzateig verteilen. Die Artischockenherzen vierteln und zusammen mit dem restlichen Spinat auf die Pizza legen. Mit veganem Käse bestreuen.

e) Backen Sie die Pizza 8 Minuten lang oder schauen Sie sich die Anweisungen auf der Packung an.

56. Vegane Caprese-Pizza

ZUTATEN:
- 1 Pfund Mehrkornpizzateig
- ⅔ Tasse gefiltertes Wasser
- ½ Tasse rohe Cashewnüsse
- 1 Esslöffel Nährhefe
- 1 Esslöffel Pfeilwurzpulver
- 1 Esslöffel Apfelessig
- ½ Teelöffel Meersalz, plus mehr zum Würzen
- 2 Esslöffel Olivenöl
- 2 bis 3 Knoblauchzehen, gehackt
- 2 bis 3 reife Roma-Tomaten, in dünne Scheiben geschnitten
- Balsamico-Reduktion
- Eine Handvoll frische Basilikumblätter, sehr dünn geschnitten
- Zerkleinerte rote Paprikaflocken

ANWEISUNGEN:

a) Ofen auf 400F vorheizen. Eine runde, belüftete Pizzaform mit Backpapier auslegen.
b) Bestäuben Sie eine saubere Arbeitsfläche leicht mit Mehl und rollen Sie den Pizzateig zu einem 38 cm großen Kreis aus. In die mit Backpapier ausgelegte Pizzaform geben und 7 Minuten backen, oder bis der Boden gerade anfängt fest zu werden.
c) Während die Pizza backt, bereiten Sie den Cashew-Mozzarella zu, indem Sie gefiltertes Wasser, Cashewnüsse, Nährhefe, Pfeilwurzpulver, Apfelessig und Meersalz in einen Hochgeschwindigkeitsmixer geben. 2 Minuten lang auf höchster Stufe mixen, bis eine völlig glatte Masse entsteht. Gießen Sie die Mischung in einen Topf. Stellen Sie die Hitze auf mittlere Stufe und rühren Sie unter ständigem Rühren 3 bis 5 Minuten lang oder bis die Masse gerade anfängt einzudicken. Nicht überhitzen. Etwas abkühlen lassen.
d) Die Oberseite des vorgebackenen Pizzateigs mit Olivenöl bestreichen und mit Knoblauch bestreuen. Geben Sie mit einem Esslöffel einen Löffel Cashew-Mozzarella auf die Oberfläche der Pizza. Mit geschnittenen Tomaten belegen.
e) Legen Sie die Pizza wieder in den Ofen und backen Sie sie weitere 8 bis 14 Minuten lang oder bis der gewünschte Gargrad erreicht ist.
f) Aus dem Ofen nehmen und etwas abkühlen lassen.
g) Großzügig mit der Balsamico-Reduktion beträufeln und mit frischem Basilikum bestreuen. Nach Belieben mit Meersalz und zerstoßenen roten Paprikaflocken würzen.
h) Sofort servieren.

57. Grillpizza mit knusprigem Blumenkohl

ZUTATEN:
- 1 hausgemachter Teig

FÜR DEN BBQ-BLUMENKOHL:
- ½ Kopf Blumenkohl
- 1 Tasse BBQ-Sauce
- 1 Teelöffel geräuchertes Paprikapulver
- 1 Teelöffel Knoblauchpulver
- ½ Teelöffel Flüssigrauch

FÜR DIE VEGANE KNOBLAUCHSAUCE:
- 1 Tasse ungesüßter Kokosjoghurt
- 2 Knoblauchzehen, gehackt
- Salz, nach Geschmack
- schwarzer Pfeffer, nach Geschmack

ANWEISUNGEN:

a) Machen Sie zuerst den Teig. Die trockenen Zutaten in eine Schüssel geben und gut verrühren. Geben Sie nach und nach das Olivenöl und das warme Wasser hinzu. Den Teig mit den Händen kneten. Bei Bedarf mehr Wasser hinzufügen. Formen Sie eine Kugel und geben Sie diese in eine Schüssel, die Sie mit einem Tuch oder Küchentuch abdecken. Das Beste an diesem Teig ist, dass er nicht zu lange gehen muss. 45 Minuten reichen aus. Vielleicht kommst du sogar mit 30 Minuten klar, wenn du den Teig an einem warmen Ort gehen lässt.

b) In der Zwischenzeit den BBQ-Blumenkohl zubereiten. Den Blumenkohl in mundgerechte Röschen schneiden. Die BBQ-Sauce mit den Gewürzen vermischen. Tauchen Sie die Röschen mit der Hälfte der Soße hinein, sodass sie vollständig bedeckt sind. Legen Sie sie auf ein mit Backpapier ausgelegtes Backblech und backen Sie sie 10 Minuten lang bei 350 °F.

c) Bereiten Sie Ihren Teig vor. Den Teig auf eine leicht bemehlte Arbeitsfläche geben und vorsichtig kneten, sodass zwei Pizzen entstehen.

d) Den gebackenen BBQ-Blumenkohl mit der restlichen Sauce bestreichen und auf die Pizza legen. 12–15 Minuten backen oder bis es leicht braun und knusprig ist. Mit gehackter Petersilie und Frühlingszwiebeln bestreuen.

e) Und vergessen Sie nicht die vegane Knoblauchsauce! Einfach die Zutaten in einer kleinen Schüssel vermischen und über die Pizza gießen.

58. Gegrillte Gemüsepizza

ZUTATEN:
- 2 Hefefreier Pizzaboden
- 2 ½ Tassen Allzweckmehl
- 1 Esslöffel Backpulver
- ½ Teelöffel Salz
- 1 Teelöffel Olivenöl
- ⅔ Tasse lauwarmes Wasser
- ½ Tasse Pizzasauce

Toppings
- 1 Teelöffel Olivenöl + etwas mehr zum Bestreichen der Kruste
- ½ Zucchini, in Scheiben geschnitten
- 1 rote Paprika, in Stücke geschnitten
- 5 Tassen Champignons, in Scheiben geschnitten
- 1 rote Zwiebel, in Scheiben geschnitten
- ¾ Tasse vegane Käseraspeln Alternativ können Sie auch eine selbstgemachte Käsesoße verwenden
- 1 Prise Salz

ANWEISUNGEN:

a) Für den Pizzateig: Allzweckmehl, Backpulver und Salz in einer großen Schüssel vermischen.
b) Olivenöl und Wasser hinzufügen und kneten, bis ein glatter Teig entsteht.
c) Für die Pizzasauce: Tomatenpüree, Salz, getrockneten Oregano und getrocknetes Basilikum vermischen.
d) In einer großen Pfanne das Olivenöl erhitzen und Zucchini, rote Paprika, Pilze und rote Zwiebeln hinzufügen.
e) Mit einer Prise Salz würzen und bei mittlerer bis hoher Hitze kochen lassen, bis das Gemüse weich ist.
f) Heizen Sie den Ofen auf 250 °C vor.
g) Teilen Sie den Pizzateig in zwei gleich große Teile und rollen Sie diese jeweils auf leicht bemehltem Backpapier aus.
h) Die Tomatensoße darüber verteilen. Mit veganen Käseraspeln und Gemüse bedecken.
i) Die Kruste mit Olivenöl bestreichen.
j) Die Pizzen im Ofen ca. 15 Minuten knusprig backen. Genießen!

59. Artischocken -Oliven- Pizza

ZUTATEN:
- 12 Zoll großer vorgebackener Pizzaboden
- ½ Tasse Pesto
- 1 reife Tomate, gehackt
- ½ Tasse grüne Paprika, gehackt
- 2-Unzen-Dose gehackte schwarze Oliven, abgetropft
- ½ rote Zwiebel, gehackt
- 4-Unzen-Dose Artischockenherzen, abgetropft und in Scheiben geschnitten
- 1 Tasse zerbröselter veganer Käse

ANWEISUNGEN:
a) Stellen Sie Ihren Ofen auf 450 Grad F ein, bevor Sie etwas anderes tun.
b) Den Teig auf eine Pizzapfanne legen.
c) Eine dünne Schicht Pesto gleichmäßig auf dem Boden verteilen und mit dem Gemüse und dem veganen Käse belegen.
d) Die Pizza mit dem Käse bestreuen und alles etwa 8-10 Minuten im Ofen backen.

60. Vegane Zucchini- Peperoni-Pizza

ZUTATEN:
- 1 Grundteig
- 2 Esslöffel Tomatenmark
- 2 Zucchini
- scharfe Soße
- 2 Esslöffel Tamari
- 2 Esslöffel Balsamico-Essig
- veganer Käse

ANWEISUNGEN:
ZUCCHINI „PEPPERONI":
a) Zucchini waschen und in dünne Scheiben schneiden.
b) In einer Auflaufform scharfe Soße mit Tamari und Balsamico-Essig vermischen.
c) Die Zucchini hinzufügen und vermischen, sodass sie gut bedeckt sind.
d) Abdecken und über Nacht im Kühlschrank marinieren.

PIZZA:
e) Den Ofen auf 390 °F vorheizen.
f) Das Tomatenmark auf der Kruste verteilen. Fügen Sie die marinierten würzigen Zucchinischeiben hinzu.
g) Mit veganem Käse auffüllen.
h) 12-15 Minuten im Ofen backen.

61. Pizzaboden aus roten Linsen

ZUTATEN:
- ¾ Tasse trockene SPLIT rote Linsen, ungekocht
- ¾ Tasse Wasser
- 1,5 Teelöffel Knoblauchpulver
- ½ Teelöffel getrocknetes Basilikum
- ½ Teelöffel getrockneter Oregano
- ¾ Teelöffel Meersalz
- Vegane Toppings

ANWEISUNGEN:

a) Legen Sie ein rundes 12-Zoll-Pizzablech mit Pergamentpapier aus und heizen Sie Ihren Ofen auf 450 Grad F Umluftbacken vor.

b) Geben Sie alle Zutaten in einen Hochgeschwindigkeitsmixer und verarbeiten Sie sie etwa 30–60 Sekunden lang auf höchster Stufe, oder bis sie vollständig püriert sind.

c) Gießen Sie die Mischung auf Ihr vorbereitetes Pizzablech und verteilen Sie sie mit einem Silikonspatel so dünn und gleichmäßig wie möglich.

d) 12 Minuten backen. Drehen Sie den Teig dann vorsichtig um und verwenden Sie dabei das Pergament als Hilfe. Ziehen Sie dann das Backpapier ab und stellen Sie die Kruste für weitere 5 Minuten in den Ofen, bis sie goldbraun ist.

e) Belegen Sie Ihre Pizza nach Wunsch und backen Sie sie 3–5 Minuten lang, um den Belag zu erhitzen. Dann aus dem Ofen nehmen und vor dem Schneiden 1-2 Minuten ruhen lassen.

62. Pikante Pizza mit Pintobohnen

ZUTATEN:
- 1 Pizzateig
- 1 Esslöffel Olivenöl
- 1 Teelöffel Chilipulver
- 1½ Tassen gekochte Pintobohnen, abgetropft
- 1 Tasse Tomatensalsa
- 2 Esslöffel scharfe oder milde gehackte grüne Chilis aus der Dose
- 2 Esslöffel in Scheiben geschnittene, entkernte Kalamata-Oliven
- 2 Esslöffel gehackter frischer Koriander

ANWEISUNGEN:

a) Den aufgegangenen Teig leicht flach drücken, mit Frischhaltefolie oder einem sauberen Geschirrtuch abdecken und 10 Minuten ruhen lassen.

b) Stellen Sie den Ofenrost auf die unterste Ebene des Ofens. Heizen Sie den Ofen auf 450 °F vor. Eine Pizzaform oder ein Backblech leicht einölen. Legen Sie den entspannten Teig auf eine leicht bemehlte Arbeitsfläche und drücken Sie ihn mit den Händen flach. Dabei wenden und bemehlen Sie ihn regelmäßig, sodass eine 30 cm große Runde entsteht. Achten Sie darauf, die Mitte nicht zu überarbeiten, sonst wird die Mitte der Kruste zu dünn. Übertragen Sie den Teig auf die vorbereitete Pizzaform oder das Backblech.

c) In einer Pfanne das Öl bei mäßiger Hitze erhitzen. Das Chilipulver einrühren, dann die Bohnen hinzufügen, umrühren und die Bohnen etwa 5 Minuten lang erwärmen.

d) Vom Herd nehmen und die Bohnen gut zerdrücken. Bei Bedarf etwas Salsa hinzufügen, um die Bohnen anzufeuchten.

e) Verteilen Sie die Bohnenmischung gleichmäßig auf dem vorbereiteten Pizzateig, etwa ½ Zoll vom Teigrand entfernt. Die Salsa gleichmäßig auf der Bohnenmischung verteilen und mit den Chilis und Oliven bestreuen.

f) Backen, bis die Kruste goldbraun ist, etwa 12 Minuten. Nachdem Sie die Pizza aus dem Ofen genommen haben, bestreuen Sie sie mit Koriander, schneiden Sie sie in 8 Spalten und servieren Sie sie heiß.

63. Bohnen-Nacho-Pizza

ZUTATEN:
- 1 hausgemachter Teig
- 1¼ Tassen gekühlte Bohnen aus der Dose
- 6 Unzen veganer Käse, gerieben
- 3 Pflaumentomaten, gehackt
- ½ Teelöffel gemahlener Kreuzkümmel
- 1 Teelöffel gehackte Oreganoblätter
- ½ Teelöffel Salz
- ½ Teelöffel frisch gemahlener schwarzer Pfeffer
- 1/3 Tasse Salsa
- Eingelegte Jalapeño-Scheiben im Glas nach Geschmack

ANWEISUNGEN:

a) Bestäuben Sie einen Pizzaschieber mit Maismehl, legen Sie den Teig in die Mitte und formen Sie den Teig zu einem Kreis, indem Sie ihn mit den Fingerspitzen vertiefen.

b) Heben Sie es auf und formen Sie es mit Ihren Händen am Rand. Drehen Sie den Teig dabei langsam, bis er einen Durchmesser von etwa 35 cm hat. Legen Sie es mit der Maismehlseite nach unten auf die Schale.

c) Fetten Sie das Blech oder Backblech mit Antihaftspray ein. Legen Sie den Teig in die Mitte und drücken Sie mit den Fingerspitzen Vertiefungen in den Teig, bis ein großer, flacher Kreis entsteht. Ziehen Sie ihn dann heraus und drücken Sie ihn, bis er auf dem Blech einen Kreis von 14 Zoll oder auf dem Blech ein unregelmäßiges Rechteck von etwa 12 × 7 Zoll bildet Backblech.

d) Legen Sie es auf einen Pizzaschieber, wenn Sie einen Pizzastein verwenden – oder legen Sie den gebackenen Boden direkt auf ein Pizzablech. Verteilen Sie die gekühlten Bohnen mit einem Gummispatel auf der Kruste und bedecken Sie sie gleichmäßig, lassen Sie aber am Rand einen Rand von ½ Zoll frei. Belegen Sie die Bohnen mit dem geriebenen veganen Käse.

e) Die gehackten Tomaten, Kreuzkümmel, Oregano, Salz und Pfeffer in einer Schüssel verrühren und dann gleichmäßig auf dem Käse verteilen. Die Salsa löffelweise auf der Kruste verteilen. Schieben Sie die Pizza aus der Schale auf den erhitzten Stein oder legen Sie den Kuchen auf sein Blech oder Backblech in den Ofen oder auf den Grillrost bei indirekter Hitze. Bei geschlossenem Deckel backen oder grillen, bis der Käse Blasen wirft und die Bohnen heiß sind.

f) Schieben Sie die Schale wieder unter die Kruste und legen Sie sie beiseite oder legen Sie den Kuchen auf dem Blech oder Backblech auf einen Rost. 5 Minuten abkühlen lassen.

g) Die Torten-Jalapeño-Scheiben vor dem Schneiden und Servieren belegen.

64. Mangopizza mit schwarzen Bohnen

ZUTATEN:

- 1 vorbereiteter Pizzaboden
- ¾ Tasse mittelgroße oder scharfe Salsa
- ¾ Tasse geriebener mexikanischer veganer Käse
- ½ Tasse dünn geschnittene Zucchini
- ½ Tasse geschnittene Mango
- ¼ Tasse gekochte oder eingemachte schwarze Bohnen, abgespült
- 1 Frühlingszwiebel in Scheiben geschnitten
- ¼ Tasse Korianderblätter

ANWEISUNGEN:

a) Heizen Sie den Ofen auf die auf der Pizzabodenverpackung angegebene Temperatur vor.
b) Legen Sie den Boden auf ein Backblech und verteilen Sie Salsa darauf. Lassen Sie auf allen Seiten einen 2,5 cm breiten Rand frei.
c) Mit Käse, Zucchini, Mango und Bohnen belegen.
d) Nach Anleitung für den Teig backen.
e) Vor dem Servieren mit Frühlingszwiebeln und Koriander belegen.

65. BBQ-Mais-Jalapeno-Süßkartoffelpizza

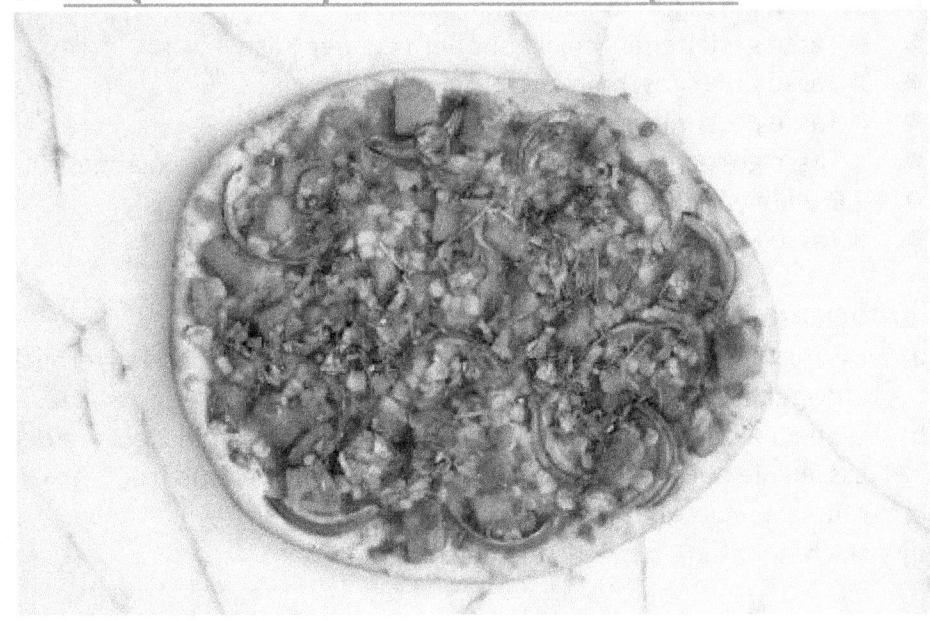

ZUTATEN:
- 1 Pizzaboden
- 1 kleine Süßkartoffel gewürfelt
- ⅓ Tasse Maiskörner, aufgetaut, falls gefroren
- ½ Zwiebel, in dicke Scheiben geschnitten
- Paprika oder anderes Gemüse
- 1 geschnittene Jalapeno
- ⅓ Tasse sojafreie BBQ-Sauce
- 3 Teelöffel BBQ-Gewürz

ANWEISUNGEN:

a) Kochen Sie die Süßkartoffel und den Mais in einem Topf bei mittlerer Hitze. Fügen Sie Wasser hinzu, sodass das Gemüse gerade bedeckt ist. Sobald es kocht, 5 Minuten kochen lassen. Abgießen und eine Minute abkühlen lassen, dann in eine Schüssel geben.

b) Mit Zwiebeln, Paprika/Gemüse, 2 Esslöffel BBQ-Sauce und einer guten Prise schwarzem Pfeffer vermengen.

c) Den Pizzateig zu einer großen Pizza mit dünner Kruste formen.

d) Den Pizzateig mit Olivenöl bestreichen. Die Süßkartoffelmischung auf der Pizza verteilen. Jalapeno hinzufügen. Streuen Sie großzügig BBQ-Gewürz über das Gemüse. Einen Teil oder die gesamte BBQ-Sauce darüberträufeln.

e) Bei 425 Grad 16 bis 18 Minuten backen. Eine Minute abkühlen lassen. Mit Koriander, mehr BBQ-Gewürz und nach Wunsch noch mehr BBQ-Sauce garnieren. In Scheiben schneiden und servieren.

66. Maiscremepizza

ZUTATEN:
- ½ Portion hausgemachter Pizzateig
- ½ kleine Zwiebel, gehackt
- 8 bis 10 Trauben- oder Kirschtomaten, halbiert
- ½ Tasse vegane Chorizo-Streusel
- 6 oder 7 frische Basilikumblätter
- schwarzer Pfeffer
- rote Paprikaflocken, optional

FÜR DIE MAISRAHMENSAUCE
- 1 ¾ Tassen Maiskörner, geteilt, aufgetaut
- ½ Tasse vollfette Kokosmilch aus der Dose
- 1 Knoblauchzehe
- 2 Esslöffel vegane Butter, weich, optional
- 2 Esslöffel Tapiokastärke
- 1 Esslöffel Nährhefe
- 1 Teelöffel Bio-Rohrzucker
- ¾ Teelöffel feines Meersalz

ANWEISUNGEN:

a) Für die beste Kruste empfehle ich die Verwendung eines Pizzasteins. Ansonsten ist eine normale Pizzaform oder ein Backblech in Ordnung; Die Backzeit kann sich verlängern. Wenn Sie einen Stein verwenden, legen Sie ihn in den Ofen und heizen Sie ihn auf 500 Grad F vor.

b) Stellen Sie vor der Zubereitung der Maiscremesauce sicher, dass alle Zutaten Zimmertemperatur haben. In der Schüssel einer Küchenmaschine 1 Tasse Mais und die restlichen Saucenzutaten vermischen. Verarbeiten, bis alles gut vermischt ist. Fügen Sie ¼ Tasse Mais hinzu und zerkleinern Sie ihn mehrmals, damit etwas Konsistenz übrig bleibt. Abschmecken und nach Wunsch noch eine Prise Salz oder Zucker hinzufügen. Beiseite legen.

c) Den Teig auf einer leicht bemehlten Oberfläche auf einen Durchmesser von 30 cm ausdehnen. Wenn Sie einen Pizzaschieber verwenden, bereiten Sie ihn wie gewohnt vor. Andernfalls nehmen Sie den heißen Stein aus dem Ofen. Den Teig vorsichtig auf den Stein geben.

d) Etwa die Hälfte der Maiscremesauce auf dem Teig verteilen. Zwiebeln, Tomaten, Chorizo und die restliche halbe Tasse Mais hinzufügen. Wenn Sie im Laden gekauften Pizzaboden verwenden, backen Sie ihn gemäß den Anweisungen auf der Packung. Wenn Sie selbstgemachten Teig verwenden, backen Sie ihn 15 bis 17 Minuten lang oder bis er knusprig und goldbraun ist.
e) Lassen Sie die Pizza einige Minuten abkühlen. Fügen Sie schwarzen Pfeffer, zerkleinerte rote Pfefferflocken (falls verwendet) und frisches Basilikum hinzu. In Scheiben schneiden und servieren.

BURRITOS

67. Aprikosen-Burritos

ZUTATEN:
- 8 Unzen getrocknete Aprikosen – in Stücke geschnitten
- 1 Tasse Wasser
- ¼ c Kristallzucker
- ¼ c brauner Zucker – verpackt
- ¼ TL Zimt
- ¼ TL Muskatnuss
- 20 6-Zoll-Tortillas

ANWEISUNGEN:

a) Die ersten 6 Zutaten zum Kochen bringen. Ohne Deckel 10 Minuten köcheln lassen oder bis die Früchte weich und die Mischung eingedickt sind.

b) Geben Sie 1 Esslöffel der Mischung auf einen Rand der Tortilla. Aufrollen.

c) Im heißen Öl goldbraun braten, dabei einmal wenden. Abfluss.

d) Heiß oder kalt servieren.

68. Babybohnen-Burritos

ZUTATEN:

- 12 (6 Zoll) Mehl-Tortillas
- 1 mittelgroße Zwiebel; gehackt
- 1 Esslöffel Pflanzenöl
- 2 Knoblauchzehen; gehackt
- 1 frische Jalapenopfeffer
- 1 Dose mexikanische Bohnenmus
- 1 Tasse veganer Monterey-Jack-Käse
- ½ Teelöffel Gemahlener Kreuzkümmel
- Sauerrahm und Salsa

ANWEISUNGEN:

a) Backofen auf 325 Grad vorheizen. Tortillas stapeln und halbieren. Wickeln Sie den Tortillastapel in Folie ein und erhitzen Sie ihn 10 bis 15 Minuten lang, bis er durchgewärmt ist.

b) In der Zwischenzeit in einer großen Bratpfanne die Zwiebeln in Öl bei mittlerer bis hoher Hitze 2 bis 3 Minuten lang anbraten, bis sie weich, aber nicht gebräunt sind. Fügen Sie Knoblauch und Jalapeno-Paprika hinzu und kochen Sie es etwa 30 Sekunden lang, bis der Knoblauch nur noch duftet. 3. Verteilen Sie etwa 1,5 Esslöffel Bohnenmischung auf jeder Tortillahälfte und rollen Sie sie wie eine Biskuitrolle auf.

c) Auf einem Servierteller anrichten und mit Koriander bestreuen. Warm mit Sauerrahm und Salsa servieren.

69. Bohnen-Reis-Burritos

ZUTATEN:
- 1 Dose Pintobohnen, 16 oz Wasserpark
- 1 Tasse brauner Reis; gekocht
- ½ Tasse Zwiebeln; gefroren, gehackt
- ½ Tasse Gr. Pfeffer; gefroren, gehackt
- ½ Tasse Mais; gefroren
- Chilipulver; Bindestrich
- Salat, gehackt
- 1 Bund Frühlingszwiebeln; gehackt
- Kreuzkümmel; Bindestrich
- Knoblauchpulver; Bindestrich
- Salsa, ölfrei, natriumarm
- 10 Tortillas, Vollkorn
- 1 Tomate; gehackt

ANWEISUNGEN:

a) Die gefrorenen Zwiebeln und grünen Paprika in ein paar Esslöffeln Wasser in einer Pfanne anbraten. Die Bohnen abgießen, abspülen, in eine Pfanne geben und mit einem Kartoffelstampfer zerstampfen. Den gekochten Reis, Mais, Gewürze und Wasser hinzufügen.

b) Die Tortillas schnell erhitzen . Legen Sie eine Reihe Bohnenmischung in die Mitte jeder Tortilla. Fügen Sie einen Teelöffel Salsa und nach Wunsch andere Toppings hinzu. Auf jeder Seite ½ Zoll nach oben falten, die Oberkante einschlagen und zu einem Burrito rollen.

c) Sofort servieren, auf Wunsch mit zusätzlicher Salsa garnieren.

70. Bohnen und TV-Burritos

ZUTATEN:
- 10 große (10") Tortillas
- 1 Tasse getrocknete Pintobohnen, eingeweicht
- 1 Lorbeerblatt
- 3 Knoblauchzehen, gehackt
- ½ Tasse TVP-Granulat oder -Flocken
- 2 Teelöffel Chilipulver
- 1 Teelöffel Kreuzkümmel
- 1 Teelöffel Salz
- ½ Teelöffel Oregano
- 1 Esslöffel Olivenöl
- 1 Tasse Zwiebel, gehackt

ANWEISUNGEN:

a) TVP, heißes Wasser, heiße Bohnenflüssigkeit, Chilipulver, Kreuzkümmel, Salz und Oregano vermischen. Die Zwiebel im Olivenöl in einem großen Topf anbraten, bis sie weich ist.

b) Das gewürzte TVP hinzufügen und noch ein paar Minuten kochen lassen. Die gekochten Bohnen unterrühren,

c) Zum Zusammenbau: Erhitzen Sie eine Grillplatte oder Pfanne, bis ein paar Wassertropfen auf der Oberfläche tanzen. Jede Tortilla auf beiden Seiten trocken braten, bis die Oberfläche der Tortilla anfängt, Blasen zu bilden und leicht zu bräunen. Halten Sie sie in einem dicken Handtuch warm. Wenn alles erhitzt ist, geben Sie etwa ⅓ Tasse Füllung auf eine Seite einer Tortilla und rollen Sie sie auf.

71.Kirsch-Burritos

ZUTATEN:
- 6 Mehl-Tortillas (6 Zoll).
- 1 Packung zuckerfreie Vanillepuddingmischung
- ¾ Tasse Wasser
- 1½ Tasse Kirschen; ohne zusätzlichen Zucker
- 2 Tropfen rote Lebensmittelfarbe (bis zu 3)
- ½ Teelöffel Mandelextrakt
- 1 Teelöffel Zimt
- 1 Esslöffel Puderzucker

ANWEISUNGEN:
a) Heizen Sie den Ofen auf 350 F vor. In einer mittelgroßen Pfanne Puddingmischung, Wasser und Kirschen vermengen.
b) Bei mittlerer Hitze kochen, bis eine dicke Masse entsteht. Rote Lebensmittelfarbe und Mandelextrakt hinzufügen. Zum Kombinieren gut vermischen. Vom Herd nehmen. Besprühen Sie ein großes Backblech oder eine Biskuitrolle mit Kochspray mit Buttergeschmack.
c) Die Kirschfüllung gleichmäßig verteilen und in die Mitte jeder Tortilla legen. Falten Sie eine Kante über die Füllung. Fest auf die gegenüberliegende Seite rollen. Mit der Nahtseite nach unten auf das Backblech legen. Besprühen Sie die Oberseite jeweils mit dem Butterspray. Mit Zimt bestreuen.
d) 10–12 Minuten backen.

72. Butternuss-Burrito

ZUTATEN:
- 1 Butternusskürbis; gekocht und püriert
- 1 rote Zwiebel; gehackt
- 4 Knoblauchzehen; fein gehackt
- 1 Esslöffel Chile-Pulver
- 1 Esslöffel Oregano
- 1 Esslöffel Kreuzkümmel
- 1 Teelöffel Tamari-Sojasauce
- 6 Tortillas
- 1 Dose Enchilada-Sauce; rot oder grün

ANWEISUNGEN:
a) Ofen auf 350 F vorheizen.
b) Zwiebel und Knoblauch in etwas Öl glasig dünsten
c) Kürbispüree und Kräuter dazugeben. Mischen und bei schwacher Hitze kochen, bis sich die Aromen vermischen. Je nach Geschmack weitere Kräuter hinzufügen.
d) Tortillas mit der Mischung füllen und rollen.
e) Chilesauce abdecken und 30 Min. backen.

73. Mais-Reis - Burritos

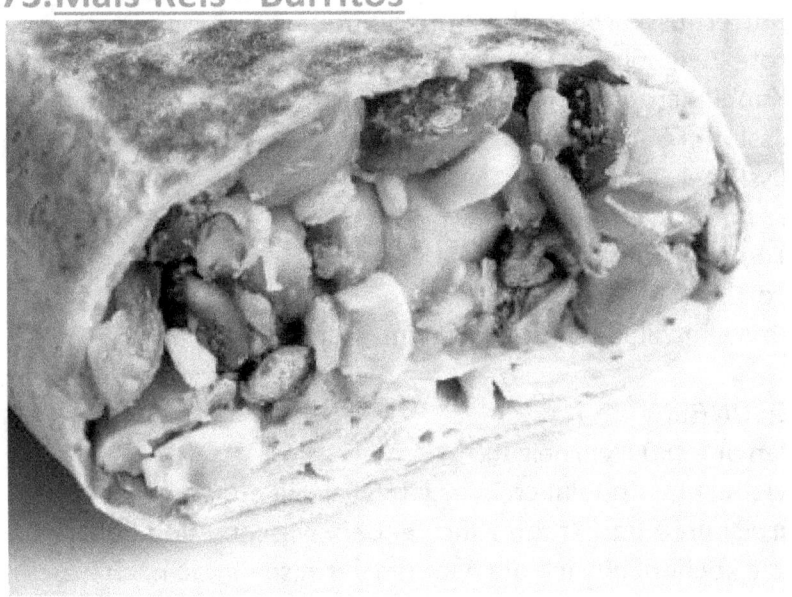

ZUTATEN:

- 4 Unzen gekochter Reis
- 16 Unzen schwarze Bohnen aus der Dose
- 15 Unzen Vollkornmais in Dosen
- 4 Unzen gehackte milde grüne Chilis
- ⅔ Tasse zerkleinerter Monterey Jack
- ¼ Tasse gehackter frischer Koriander
- 8 Mehl-Tortillas; (6 bis 7 Zoll)
- 12 Unzen milde Salsa; fettfrei

ANWEISUNGEN:

a) Heizen Sie den Ofen auf 200 °C vor. Bereiten Sie den Reis gemäß den Anweisungen auf dem Etikett zu.

b) In der Zwischenzeit in einer großen Schüssel schwarze Bohnen, Mais, Chili, Käse und Koriander vermischen.

c) Wenn der Reis fertig ist, unter die Bohnenmischung rühren. Eine abgerundete halbe Tasse Reismischung in die Mitte jeder Tortilla geben. 1 Esslöffel Salsa auf die Reisfüllung geben. Falten Sie die Seiten der Tortilla über die Füllung und überlappen Sie sie leicht.

d) Sprühen Sie eine 13 x 9 Zoll große Backform aus Glas oder Keramik mit Antihaft-Kochspray ein. Burritos mit der Nahtseite nach unten in die Form legen. Die restliche Reismischung in einer Reihe in der Mitte der Burritos verteilen; Den Reis mit der restlichen Salsa belegen.

74. Fiesta-Bohnen-Burrito

ZUTATEN:
- ½ Tasse Bohnen
- 1 Esslöffel Salsa
- 1 Teelöffel gehackter Koriander, optional
- 1 Vollkorn-Tortilla

ANWEISUNGEN:
a) Bohnen auf der Tortilla verteilen.
b) Restliche Zutaten darüber streuen.
c) In der Mikrowelle etwa 40 Sekunden lang erhitzen, bis es warm ist
d) Tortilla und Mischung zu einem Burrito rollen.

75. Gefrierschrank-Burritos

ZUTATEN:
- 2 Dosen schwarze Bohnen
- 2 3 Tassen gekochter Reis (Ihr Lieblingssorte)
- 1 große Zwiebel
- 3 bis 4 Knoblauchzehen
- Getrocknetes Basilikum, Kreuzkümmel, Chili
- 1 Packung Mehl-Tortillas, Burrito
- 1 kleine Dose Tomatensauce

ANWEISUNGEN:

a) Braten Sie Zwiebeln und Knoblauch in Ihrem Lieblingsöl an (ich verwende gerne Balsamico-Essig oder Koch-Sherry). Wenn die Zwiebel weich ist, Gewürze hinzufügen (leider keine Maße, ich füge einfach das hinzu, was gut aussieht), noch ein paar Minuten kochen lassen und vom Herd nehmen.

b) Geben Sie eine Dose Bohnen mit Saft in eine große Schüssel, lassen Sie die andere Dose abtropfen und geben Sie dann die Bohnen in die Schüssel. Die Dose Tomatensauce hinzufügen. Zerdrücken Sie die Bohnen, bis die meisten Bohnen zerdrückt sind, aber lassen Sie einen Teil unzerdrückt.

c) Fügen Sie die gekochte Reis-Zwiebel-Mischung hinzu. Gut umrühren. Burritos aufrollen, einfrieren. Diese eignen sich hervorragend als Snack zum Mittag- oder Abendessen mit Salat, und ich liebe sie zum Frühstück.

76. Matzen-Burrito-Auflauf

ZUTATEN:
- Salsa
- Fettfreie, gekühlte Bohnen
- Matzen
- Rote und grüne Paprika
- Grüne Chilis

ANWEISUNGEN:

a) Heizen Sie den Ofen auf 350 °C vor. Verteilen Sie in einer quadratischen Auflaufform etwas Salsa auf dem Boden der Pfanne, damit die Matze nicht kleben bleibt.

b) Verteilen Sie gekühlte FF-Bohnen auf so vielen Matzen, dass der Boden der Schüssel (eine Schicht) bedeckt ist. Dann lege ich eine Schicht rote und grüne Paprika darauf und dann eine weitere Schicht Matze mit gekühlten Bohnen. Darüber lege ich eine Schicht grüne Chilis, eine weitere Matze und etwas Salsa und Tofu darauf. Im Ofen etwa 15 Minuten backen.

c) Die Matzen werden wie Tortillas weich und lassen sich sehr gut aufbewahren.

77. Bohnen-Burritos aus der Mikrowelle

ZUTATEN:

- 2 Teelöffel Pflanzenöl
- 1 kleine Zwiebel, fein gewürfelt
- 1 kleiner Jalapenopfeffer, entkernt
- 1 Knoblauchzehe, gehackt
- ¼ Teelöffel gemahlener Kreuzkümmel
- ¼ Teelöffel getrockneter Oregano
- ¼ Teelöffel Chilipulver
- 1 Prise gemahlene Koriandersamen
- 16 Unzen schwarze Bohnen, abgespült
- ½ Avocado, entkernt, geschält, gewürfelt
- 1 Pflaumentomate, gewürfelt
- 1 Frühlingszwiebel, gehackt
- 1 Esslöffel gehackter frischer Koriander
- 2 Teelöffel frischer Limettensaft
- 1 Prise geriebene Limettenschale
- 4 Mehl-Tortillas, erwärmt

ANWEISUNGEN:

a) Öl, Zwiebel, Jalapeno und Knoblauch in einem 9-Zoll-Tortenteller aus Glas verrühren. Mikrokochen bei HOCH-Leistung 1 Minute.

b) Kreuzkümmel, Oregano, Chilipulver und gemahlenen Koriander einrühren; Mikrokochen, abgedeckt und belüftet, 1 Minute. Bohnen und Wasser einrühren; Mikrokochen, abgedeckt und belüftet, 2 Minuten.

c) Avocado, Tomate, Frühlingszwiebel, frischen Koriander, Limettensaft und -schale in einer kleinen Schüssel vermischen. Salsa mit Salz und Pfeffer abschmecken

78. Gemüse-Burritos aus der Mikrowelle

ZUTATEN:
- 1 süße grüne Paprika; Gehackt
- 1 Zwiebel; gehackt
- 2 Knoblauchzehen; gehackt
- 1 Teelöffel Pflanzenöl
- ½ Teelöffel gemahlener Kreuzkümmel
- ½ Teelöffel getrockneter Oregano
- 3 Kartoffeln; gewürfelt Für zusätzliche Ballaststoffe
- 1 Tasse Maiskörner
- 6 Unzen Taco-Sauce in Flaschen
- 4 große Mehl-Tortillas
- ½ Tasse veganer Cheddar-Käse; geschreddert

ANWEISUNGEN:

a) In einem 6-Tassen-Auflauf grünen Pfeffer, Zwiebel, Knoblauch, Öl, Kreuzkümmel und Oregano vermischen; Zugedeckt bei höchster Stufe 2–3 Minuten lang in der Mikrowelle erhitzen, bis die Zwiebel weich ist. Kartoffeln und 1 EL Wasser unterrühren; Zugedeckt bei hoher Temperatur 8–10 Minuten in der Mikrowelle erhitzen oder bis die Kartoffeln weich sind, dabei zweimal umrühren.

b) Mais und Taco-Sauce einrühren; Zugedeckt bei höchster Stufe 2–4 Minuten in der Mikrowelle erhitzen, bis es heiß ist. 5 Minuten stehen lassen. Mit Salz und Pfeffer abschmecken.

c) Tortillas ohne Deckel 30–40 Sekunden lang auf höchster Stufe in der Mikrowelle erhitzen, bis sie warm sind. Auf Servierteller legen; Mit Kartoffelmischung und Käse belegen.

d) Falten Sie ein Ende und dann die Seiten nach oben. aufrollen.

79. Gemischter Gemüse-Burrito

ZUTATEN:
- 1 große Kartoffel – gewürfelt
- 2 kleine Zucchini – gehackt
- 2 kleine gelbe Kürbisse – gehackt
- 10 Unzen gefrorener Mais
- 3 Paprika
- 1 große Tomate – gehackt
- 1 kleine rote Zwiebel – gehackt
- 3 Esslöffel Koriander – gehackt
- 1 Tasse Sauerrahm, hell
- 1 Teelöffel Chilipulver
- 12 Unzen veganer Monterey-Jack-Käse
- 4 Mehl-Tortillas
- 1 Avocadoscheiben

ANWEISUNGEN:
a) Bringen Sie das Wasser in einem abgedeckten Topf bei starker Hitze zum Kochen. Kartoffeln, Zucchini, gelben Kürbis, Mais und Paprika hinzufügen. Zum Kochen bringen und ohne Deckel etwa 4 Minuten kochen, bis die Kartoffeln gerade zart sind. Abgießen und in eine Schüssel geben. Tomaten, Zwiebeln, Koriander, Sauerrahm, Chilipulver, Salz, Pfeffer und die Hälfte des Käses hinzufügen. Vorsichtig umrühren.
b) Ordnen Sie die Tortillas in einer Schicht auf mit Backpapier ausgelegten Backblechen an. Geben Sie ein Viertel der Füllung in die Mitte jeder Tortilla
c) Falten und etwa 15 Minuten backen, bis der Käse geschmolzen ist.

80. Mojo Black Bean Burritos

ZUTATEN:
- 2 große Mehl-Tortillas
- 1 Tasse fettarm gekühlte schwarze Bohnen
- 1 Süßkartoffel
- ½ Tasse gefrorener Zuckermais
- 4 Unzen Tempeh
- 4 6 Esslöffel Taco-Sauce

ANWEISUNGEN:

a) Süßkartoffeln schälen und in kleine, mundgerechte Stücke schneiden. Tempeh in kleine, mundgerechte Stücke würfeln. Tempeh und Kartoffelwürfel 10–15 Minuten dämpfen, bis sie weich sind. Ungefähr 2 Minuten bevor sie fertig sind, fügen Sie den Mais hinzu (Sie müssen einen Dampfgareinsatz mit kleinen Löchern verwenden).

b) In der Zwischenzeit Tortillas im Ofen erwärmen. Jeweils mit ½ schwarzen Bohnen bestreichen. Wenn Tempeh, Süßkartoffel und Mais fertig sind, geben Sie die Hälfte der Mischung zu jedem Burrito und dann jeweils die Hälfte der Taco-Sauce hinzu. Fest aufrollen und servieren.

c) Daraus ergeben sich tolle Mittagessen; Sie können sie fest in Aluminiumfolie einwickeln und sie sind den ganzen Tag haltbar.

81. Pepita-Gemüse-Burritos

ZUTATEN:
- 1 Kürbiskernsauce
- 1 Tasse gehackter Brokkoli
- 1 mittelgroße Zwiebel, fein gehackt
- 2 Knoblauchzehen, fein gehackt
- 2 Esslöffel Öl
- 1 Tasse gelber Kürbis in 2x1/4-Zoll-Streifen
- 1 Tasse 2x1/4-Zoll-Streifen Zucchini
- ½ Tasse fein gehackte rote Paprika
- ¼ Tasse geschälte Kürbiskerne, geröstet
- 1 Esslöffel Zitronensaft
- 1 Teelöffel gemahlene rote Chilis
- ¼ Teelöffel Salz
- ¼ Teelöffel gemahlener Kreuzkümmel
- 6 Mehl-Tortillas

ANWEISUNGEN:

a) Kürbiskernsauce zubereiten. Brokkoli, Zwiebeln und Knoblauch in einer 10-Zoll-Pfanne in Öl unter häufigem Rühren kochen, bis sie weich sind. Restliche Zutaten außer Tortillas unterrühren. Unter gelegentlichem Rühren ca. 2 Minuten kochen, bis der Kürbis zartknusprig ist.

b) Warm halten. Etwa eine halbe Tasse Gemüsemischung in die Mitte jeder Tortilla geben. Falten Sie ein Ende der Tortilla etwa 2,5 cm über die Mischung. Falten Sie die rechte und linke Seite überlappend über das gefaltete Ende. Das verbleibende Ende nach unten falten. Mit Kürbiskernsauce servieren.

82. Seitan-Burritos

ZUTATEN:
- Knoblauch; gewürfelt
- Zwiebeln; geschnitten
- 2 riesige Portobello-Pilze; geschnitten
- Seitan nach Fajita-Art
- Zimt
- Kreuzkümmel
- Chilipulver
- Tortilla
- Veganer Cheddar-Käse mit reduziertem Fettgehalt

ANWEISUNGEN:

a) Schneiden Sie einige Zwiebeln in Scheiben und geben Sie sie zum Anbraten in eine Pfanne . Fügen Sie zwei große Portobello-Pilze hinzu . Dann die Seitanscheiben dazugeben . Etwas Zimt, Kreuzkümmel und Chilipulver hinzufügen.

b) Hitze Tortilla in einer beschichteten Pfanne weich machen, eine SEHR kleine Menge fettreduzierten Cheddar-Käse darüber streuen, auf einen Teller geben und den Pilz hineinlöffeln Seitan-Mischung hinzufügen und wie einen Burrito zusammenfalten.

83. Burrito- Füllung

ZUTATEN:
- 1 Tasse kochendes Wasser
- 2 Esslöffel Sojasauce
- 1 Esslöffel Chilipulver
- ½ Teelöffel Oregano
- 1 Tasse TVP
- ½ Tasse Zwiebel; gehackt
- ½ Tasse grüner Pfeffer; gehackt
- 1 Knoblauchzehe; gehackt
- Jalapeno nach Geschmack; gehackt, (optional)
- 1 Esslöffel Olivenöl
- auch gut für Enchiladas!!

ANWEISUNGEN:

a) Wasser, Sojasauce, Chilipulver und Oregano vermischen und über das TVP gießen. Abdecken und etwa 10 Minuten stehen lassen. Zwiebel, grüne Paprika, Knoblauch und Jalapeno im Öl kurz anbraten

b) Fügen Sie die TVP-Mischung hinzu und kochen Sie weiter, bis sie braun ist. Heiß in Tacos oder Burritos mit allen Beilagen servieren.

84. Vegetarische Burritos Grande

ZUTATEN:
- ⅓ Tasse Olivenöl
- Je 3 Knoblauchzehen, gehackt
- 1 Esslöffel Koriander, gehackt
- ½ Teelöffel Kreuzkümmel
- ¼ Teelöffel rote Chiliflocken, zerstoßen
- ¼ Teelöffel Oregano
- Je 1 rote Paprika
- Je 1 grüne Paprika
- Je 1 gelbe Paprika
- Je 1 Anaheim-Pfeffer
- 3 mittelgroße gelbe Kürbisse
- 1 große rote Zwiebel, in Scheiben geschnitten
- Jeweils 6 Mehl-Tortillas
- 3 Tassen schwarze Bohnen, gekocht
- ¼ Tasse Koriander, gehackt

ANWEISUNGEN:

a) FÜLLUNG: Paprika, Paprika und Chili sowie den Kürbis der Länge nach halbieren. Die Kerne von den Paprika entfernen. Bestreichen Sie sie mit einem Backpinsel mit dem Heftöl. Unter einem Grill oder auf einem vorbereiteten Grill grillen. Begießen und wenden, bis sie weich sind, etwa 5 Minuten pro Seite.

b) Vom Herd nehmen und hacken, wenn es kühl genug zum Anfassen ist.

c) ZUSAMMENBAUEN: Die Bohnen leicht außermittig auf die Tortilla geben und mit gegrilltem Gemüse und Koriander belegen. Falten und essen.

TACOS

85. Knusprige Kichererbsen-Tacos

ZUTATEN:
- 6 Mais- oder Mehl-Tortillas
- Eine 15-Unzen-Dose Kichererbsen, abgespült und abgetropft
- ½ Teelöffel Ancho-Chilipulver
- 3 Tassen geriebener Grünkohl
- 1 Tasse geraspelte Karotte
- ½ Tasse dünn geschnittene rote Zwiebel
- ½ Tasse entkernte und klein gewürfelte Poblano-Pfeffer
- ½ Tasse geschnittene Frühlingszwiebel
- ¼ Tasse gehackter frischer Koriander
- ¼ Tasse Tofu-Cashew-Mayonnaise 1 Portion
- 2 Esslöffel Limettensaft ¼ Teelöffel Meersalz
- 1 Avocado, entkernt und in Scheiben geschnitten
- 1 Esslöffel Sriracha

ANWEISUNGEN:
a) Heizen Sie den Ofen auf 375 °F vor.
b) Formen Sie die Tortillas, indem Sie sie in eine beschichtete, ofenfeste Schüssel geben und im Ofen 5–10 Minuten lang knusprig backen.
c) In einer großen Rührschüssel die Kichererbsen mit einer Gabel zerdrücken und mit dem Chilipulver bestreuen.
d) Kohl, Karotte, rote Zwiebel, Poblano-Pfeffer, Frühlingszwiebel, Koriander, Mayonnaise und Limettensaft hinzufügen.
e) Gründlich mischen und zuletzt Salz hinzufügen.
f) Die Salatmischung auf die Taco-Schalen verteilen und mit der geschnittenen Avocado belegen. Fügen Sie Sriracha hinzu, wenn Sie Ihre Tacos scharf mögen.

86. Tempeh-Tacos

ZUTATEN:
- Öl, für Pfanne
- 1 Packung (8 Unzen) Tempeh
- 1¾ Tassen ungesüßte Reismilch
- 1 Esslöffel Dijon-Senf
- 1 Esslöffel Sojasauce oder Tamari ½ Teelöffel Paprika
- 2 Esslöffel Dulse-Flocken
- 1 Esslöffel Nährhefe ¼ Tasse Maismehl
- 13. Tasse Semmelbrösel nach Panko-Art
- 1 Esslöffel Pfeilwurz-Mais-Tortillas für Tacos
- 1 Avocado, in Scheiben geschnitten

ANWEISUNGEN:
a) Heizen Sie den Ofen auf 350 Grad F vor. Besprühen Sie ein Backblech mit Öl. Schneiden Sie Tempeh in 5 cm lange und ½ cm dicke Stücke. Die feuchten Zutaten verquirlen und beiseite stellen.

b) Geben Sie die trockenen Zutaten in eine Küchenmaschine und zerkleinern Sie sie ein paar Mal, bis eine feine Mehlmischung entsteht. In eine kleine Schüssel geben. Jedes Stück Tempeh in der Reismilchmischung eintauchen und dann mit der Semmelbröselmischung vermengen.

c) In drei Reihen im Abstand von etwa 2,5 cm auf ein Backblech legen. Sprühen Sie Öl auf die Stücke und backen Sie sie dann 15 Minuten lang. Umdrehen und weitere 15 Minuten backen.

d) Sofort in einer Maistortilla mit Avocadoscheiben und Mango-Pfirsich-Salsa servieren.

87. Pilz-Tacos mit Chipotle-Creme

ZUTATEN:
- 1 mittelgroße rote Zwiebel, in dünne Scheiben geschnitten
- 1 großer Portobello-Pilz, in ½-Zoll-Würfel gewürfelt
- 6 Knoblauchzehen, gehackt
- Meersalz nach Geschmack
- 12 6-Zoll-Maistortillas
- 1 Tasse Chipotle-Sahnesauce
- 2 Tassen geriebener Römersalat
- ½ Tasse gehackter frischer Koriander

ANWEISUNGEN:
a) Eine große Pfanne bei mittlerer bis hoher Hitze erhitzen.
b) Fügen Sie die roten Zwiebeln und Portobello-Pilze hinzu und braten Sie sie 4 bis 5 Minuten lang an.
c) Fügen Sie jeweils 1 bis 2 Esslöffel Wasser hinzu, damit die Zwiebeln und Pilze nicht anhaften.
d) Den Knoblauch hinzufügen und 1 Minute kochen lassen. Mit Salz.
e) Während die Pilze kochen, geben Sie 4 Tortillas in eine beschichtete Pfanne und erhitzen Sie sie einige Minuten lang, bis sie weich werden.
f) Drehen Sie sie um und erhitzen Sie sie weitere 2 Minuten lang. Entfernen

88. Linsen-, Grünkohl- und Quinoa-Tacos

ZUTATEN:
FÜLLUNG
- 3 Tassen Quinoa, gekocht (1 Tasse trocken)
- 1 Tasse Linsen, gekocht (½ Tasse trocken)
- Eine Charge Taco-Gewürz
- 1 Esslöffel Kokosöl
- 3 große Blätter Grünkohl, Stiele entfernt, gehackt
- Taco-Schalen aus blauem Mais

Toppings
- 2 Avocados, entkernt, geschält und in Scheiben geschnitten
- Frische Korianderblätter. Frische Limettenschnitze

ANWEISUNGEN:
a) In einem großen, auf mittlere Temperatur erhitzten Topf gekochtes Quinoa, Linsen, Taco-Gewürz, Kokosnussöl und Grünkohl unterheben. 3 – 5 Minuten lang gut umrühren, bis die Blätter durch die Hitze welken.

b) Taco-Schalen auf einem mit Backpapier ausgelegten Backblech gemäß den Anweisungen des Herstellers rösten.

c) Füllen Sie die Schalen mit der Füllung und geben Sie dann Avocado, Koriander und einen Spritzer Limette darauf. Warm servieren.

89. Schwarze Bohnen-Tacos mit Maissalsa-Topping

ZUTATEN:
- Olivenöl kochen
- 2 Knoblauchzehen
- 2 ½ Tassen schwarze Bohnen, abgespült und abgetropft
- ¼ Tasse Hafer
- ¼ Tasse Maismehl
- 1 Esslöffel rotes Chilipulver
- 1 Teelöffel koscheres Salz, geteilt
- ½ Teelöffel schwarzer Pfeffer (gemahlen und geteilt)
- 8 Maistortillas (klein)
- 1 Tasse Mais, aufgetaut, falls gefroren
- 1 rote Paprika (mittelgroß, gehackt)
- 1 grüne Chili (klein, gewürfelt)
- 2 Frühlingszwiebeln (gehackt)
- 2 Limetten (entsaftet)
- ¼ Tasse frischer Koriander (gehackt)

ANWEISUNGEN:

a) Heizen Sie den Ofen auf 400 °F vor und sprühen Sie Speiseöl auf ein Backblech.

b) Gehackten Knoblauch zusammen mit den Bohnen, Haferflocken, Chili und Maismehl in eine Verarbeitungsmaschine geben. Vor der Verarbeitung der Mischung Salz und Pfeffer hinzufügen.

c) Bereiten Sie ein Backblech vor und verteilen Sie die Mischung darauf. Besprühen Sie es unbedingt mit Speiseöl, bevor Sie die Mischung 20 bis 30 Minuten lang backen.

d) bevor Sie es mit mehr Speiseöl besprühen und mit dem Backen fortfahren. Dies trägt dazu bei, dass die gesamte Mischung gleichmäßig gebacken wird.

e) Nach dem Backen die Bohnenmischung in eine Schüssel geben und gut mit Mais, Paprika, Chili und Frühlingszwiebeln vermischen.

f) Die Tortillas sollten in Folie eingewickelt und 5 Minuten im Ofen erwärmt werden.

g) Die Bohnenmischung auf den Tortillas verteilen und mit Maissalsa und Koriander-Topping servieren.

90. Gegrillte Haloumi-Tacos

ZUTATEN:
- Olivenöl
- 2 geschälte Ähren
- Koscheres Salz
- Schwarzer Pfeffer
- 1 kleine rote Zwiebel, in Scheiben geschnitten
- ½ kg Halloumi, in dicke Scheiben geschnitten
- 8 Maistortillas

ANWEISUNGEN:
a) Bereiten Sie den Grill vor, stellen Sie ihn auf mittlere bis hohe Hitze und ölen Sie die Roste gründlich ein.

b) Die Maisschalen leicht mit Öl bestreichen und mit Salz und Pfeffer würzen. Die Zwiebelringe mit Öl, Salz und Pfeffer vermischen. Grillen Sie beide Zutaten, 10–15 Minuten für Mais und 4 Minuten für Zwiebeln, und wenden Sie dabei häufig, um sicherzustellen, dass er zart und stellenweise verkohlt ist.

c) Sobald der Mais abgekühlt ist, schneiden Sie die Körner von den Maiskolben und geben Sie sie in eine mittelgroße Schüssel.

d) Den Käse mit etwas Öl bestreichen und nach dem Würzen mit etwas Salz und Pfeffer einmal auf jeder Seite grillen, damit er schön braun wird und sich vollständig erwärmt.

e) Erwärmen Sie die Tortillas in der Mikrowelle oder auf einem kühleren Teil des Grills, damit sie weicher werden.

f) Den Käse auf die Tortillas verteilen und mit Zwiebeln, Mais, Avocado, Koriander, Salsa und Limettenschnitzen belegen.

91. Der einfache vegane Taco

ZUTATEN:
- 2 Weizen-Tacos
- ½ Tasse schwarze Bohnen
- 1 Avocado, in Scheiben geschnitten
- 2 Kirschtomaten, geviertelt
- 1 Zwiebel, gehackt
- Frische Petersilie
- Limettensaft
- 1 Esslöffel Olive
- Öl
- Salz
- Scharfe Soße nach Wahl

ANWEISUNGEN:
a) Erhitzen Sie den Taco, um ihn gründlich zu erwärmen.
b) Geben Sie alle Zutaten in beliebiger Reihenfolge auf den Taco. Sie können das gesamte Gemüse auch in einer mittelgroßen Pfanne erhitzen.
c) Erhitzen Sie einfach das Öl, fügen Sie die Zwiebeln, Bohnen und Kirschtomaten hinzu und streuen Sie etwas Salz darüber.
d) Nach einer Minute ständigem Rühren entfernen.
e) Servieren Sie die Tacos mit etwas Petersilie, Avocadoscheiben, einem Spritzer Limettensaft und der scharfen Chilisauce zum Dippen.

92. Bohnen und gegrillter Mais-Taco

ZUTATEN:
- 2 Mais-Tacos
- ½ Tasse schwarze Bohnen
- Gegrillte Maiskolben
- 1 Avocado, in Scheiben geschnitten
- 2 Kirschtomaten, geviertelt
- 1 kleine Zwiebel, gehackt
- Frische Petersilie
- ¼ Teelöffel Kreuzkümmel
- Salz
- Frisch gemahlener schwarzer Pfeffer
- 1 Esslöffel Öl zum Grillen

ANWEISUNGEN:

a) Bereiten Sie den Grill vor, stellen Sie ihn auf mittlere bis hohe Hitze und ölen Sie die Roste gründlich ein.

b) Die Maisschalen leicht mit Öl bestreichen und mit Salz und Pfeffer würzen. Den Mais 10–15 Minuten lang grillen und dabei häufig wenden, um sicherzustellen, dass er zart und stellenweise verkohlt ist.

c) Sobald der Mais abgekühlt ist, schneiden Sie die Körner von den Maiskolben und geben Sie sie in eine mittelgroße Schüssel.

d) Mit schwarzen Bohnen, geschnittener Avocado, Kirschtomaten, gehackten Zwiebeln und frischer Petersilie vermischen und mit Salz, schwarzem Pfeffer und Kreuzkümmel würzen. Für eine würzige Füllung etwas frische Limette auspressen.

e) Auf den Taco stapeln und mit einem Dip Ihrer Wahl genießen.

93. Taco mit schwarzen Bohnen und Reissalat

ZUTATEN:
- Taco-Schalen
- 3 Limette, Schale und Saft
- 1 Tasse Kirschtomaten, jeweils in 4 Stücke geschnitten
- ¼ Tasse Rotweinessig
- ¼ Tasse rote Zwiebel, kleine Würfel
- ¼ Tasse Mischung aus Koriander, Basilikum und Frühlingszwiebeln, alles in Chiffonade
- 1 Teelöffel Knoblauch, gehackt
- 1 Dose Mais, abgetropft
- 1 grüne Chilischote, klein gewürfelt
- 1 rote, orange oder gelbe Paprika
- 1 Dose schwarze Bohnen, abgetropft
- 1 ½ Tasse weißer Reis, gekocht und warm gehalten
- Salz und Pfeffer zum Würzen.

ANWEISUNGEN:

a) Die Kirschtomaten vierteln und mit gewürfelten roten Zwiebeln, Rotweinessig, Knoblauch und Salz 30 Minuten marinieren.

b) Sammeln Sie die Paprika, Kräuter und Limetten und bereiten Sie sie vor. Alles zusammen mit den abgetropften schwarzen Bohnen und dem Mais vermischen und kräftig mit Salz und Pfeffer würzen.

c) Die Tomatenmischung zur Bohnenmischung hinzufügen. Dann den warmen Reis unterheben. Abschmecken und bei Bedarf Salz hinzufügen.

d) In Taco-Schalen servieren.

94. Zähe Walnuss-Tacos

ZUTATEN:

TACO-FLEISCH
- 1 Tasse rohe Walnüsse
- 1 Esslöffel Hefeflocken
- 1 Esslöffel Tamari
- ½ Teelöffel gemahlener Kreuzkümmel
- ¼ Teelöffel Chipotle-Pfefferpulver
- 1 Teelöffel Chili

FÜLLUNG
- 1 Hass-Avocado
- 1 Roma-Tomate, fein gewürfelt
- 6 Esslöffel geräucherter Cashewkäse-Dip
- 4 große Salatblätter

ANWEISUNGEN:

TACO-FLEISCH

a) Walnüsse, Nährhefe, Tamari, Chilipulver, Kreuzkümmel und Chipotle-Chilipulver in eine Küchenmaschine geben und pürieren, bis die Mischung groben Krümeln ähnelt.

FÜLLUNG

b) Für den Belag die Avocado in eine kleine Schüssel geben und mit einer Gabel glatt rühren. Die Tomate unterrühren.

c) Um jeden Taco zusammenzustellen, legen Sie ein Salatblatt mit der Rippenseite nach oben auf ein Schneidebrett. Geben Sie ¼ Tasse Walnuss-Taco-Fleisch in die Mitte des Blechs.

d) Mit 1½ Esslöffel Cashew-Käse-Dip und einem Viertel der Avocado-Mischung belegen.

95. Seitan-Tacos

ZUTATEN:
- 2 Esslöffel Olivenöl
- 12 Unzen Seitan
- 2 Esslöffel Sojasauce
- 1 1/2 Teelöffel Chilipulver
- 1/4 Teelöffel gemahlener Kreuzkümmel
- 1/4 Teelöffel Knoblauchpulver
- 12 (6 Zoll) weiche Maistortillas
- 1 reife Hass-Avocado
- Zerkleinerter Römersalat
- 1 Tasse Tomatensalsa

ANWEISUNGEN:
a) In einer großen Pfanne das Öl bei mittlerer Hitze erhitzen. Fügen Sie den Seitan hinzu und kochen Sie ihn etwa 10 Minuten lang, bis er braun ist. Mit Sojasauce, Chilipulver, Kreuzkümmel und Knoblauchpulver bestreuen und umrühren. Vom Herd nehmen.
b) Den Ofen auf 225°F vorheizen. Erhitzen Sie die Tortillas in einer mittelgroßen Pfanne bei mittlerer Hitze und stapeln Sie sie auf einem hitzebeständigen Teller. Mit Folie abdecken und in den Ofen stellen, damit sie weich und warm bleiben.
c) Die Avocado entkernen, schälen und in 1/4-Zoll-Scheiben schneiden.
d) Ordnen Sie die Taco-Füllung, die Avocado und den Salat auf einer Platte an und servieren Sie sie zusammen mit den erwärmten Tortillas, der Salsa und eventuellen weiteren Belägen.

GYROS

96. Kichererbsen-Gemüse-Gyros

ZUTATEN:
- 1 Dose (15 oz) Kichererbsen, abgetropft und abgespült
- 1 Tasse geraspelte Gurke
- 1 Tasse geraspelte Karotten
- 1/4 Tasse gehackte rote Zwiebel
- 2 Knoblauchzehen, gehackt
- 1 TL gemahlener Kreuzkümmel
- 1 TL geräuchertes Paprikapulver
- Salz und Pfeffer nach Geschmack
- 2 EL Olivenöl
- Vegane Tzatziki-Sauce
- Pita-Brot
- Tomatenscheiben und Salat zum Garnieren

ANWEISUNGEN:

a) Kichererbsen in einer Küchenmaschine zerkleinern, bis sie grob zerkleinert sind.

b) In einer Schüssel gehackte Kichererbsen, geraspelte Gurke, geraspelte Karotten, rote Zwiebeln, gehackten Knoblauch, Kreuzkümmel, geräuchertes Paprikapulver, Salz, Pfeffer und Olivenöl vermischen. Gut mischen.

c) Erhitzen Sie eine Pfanne bei mittlerer Hitze und kochen Sie die Mischung, bis sie durchgeheizt ist.

d) Das Fladenbrot im Ofen oder auf einer Pfanne erwärmen.

e) Stellen Sie das Gyros zusammen, indem Sie die Kichererbsenmischung auf jedes Pita-Gericht geben. Mit veganer Tzatziki-Sauce, Tomatenscheiben und Salat belegen.

97. Gegrilltes Portobello-Pilz-Gyros

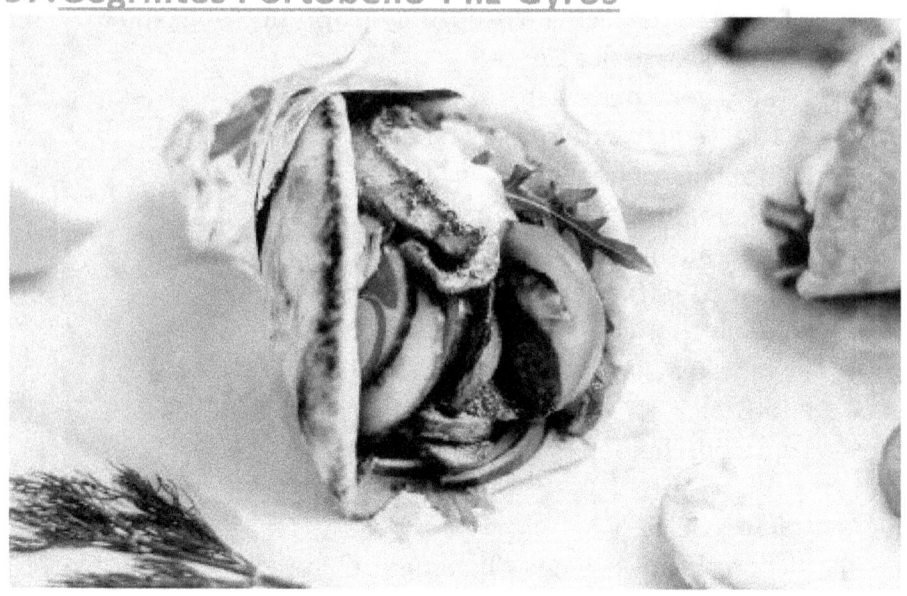

ZUTATEN:
- 4 große Portobello-Pilze, gereinigt und in Scheiben geschnitten
- 1/4 Tasse Balsamico-Essig
- 2 EL Olivenöl
- 2 Knoblauchzehen, gehackt
- 1 TL getrockneter Oregano
- Salz und Pfeffer nach Geschmack
- Vegane Tzatziki-Sauce
- Pita-Brot
- Geschnittene rote Zwiebeln und Gurken zum Garnieren

ANWEISUNGEN:
a) In einer Schüssel Balsamico-Essig, Olivenöl, gehackten Knoblauch, Oregano, Salz und Pfeffer verrühren.
b) Die Portobello-Pilzscheiben in der Mischung mindestens 30 Minuten marinieren.
c) Die marinierten Pilze grillen, bis sie weich sind.
d) Das Fladenbrot im Ofen oder auf einer Pfanne erwärmen.
e) Stellen Sie das Gyros zusammen, indem Sie die gegrillten Portobello-Scheiben auf jedes Pita-Gericht legen. Mit veganer Tzatziki-Sauce, geschnittenen roten Zwiebeln und Gurke belegen.

98.Jackfrucht-Gyros

ZUTATEN:
- 2 Dosen (20 oz) junge grüne Jackfrucht, abgetropft und zerkleinert
- 1 EL Olivenöl
- 1 TL gemahlener Kreuzkümmel
- 1 TL geräuchertes Paprikapulver
- 1 TL Knoblauchpulver
- Salz und Pfeffer nach Geschmack
- Vegane Tzatziki-Sauce
- Pita-Brot
- Salatscheiben und Kirschtomaten zum Garnieren

ANWEISUNGEN:
a) In einer Pfanne Olivenöl bei mittlerer Hitze erhitzen. Geriebene Jackfrüchte, Kreuzkümmel, geräuchertes Paprikapulver, Knoblauchpulver, Salz und Pfeffer hinzufügen. Kochen, bis die Jackfrucht durchgewärmt und gut mit den Gewürzen bedeckt ist.
b) Das Fladenbrot im Ofen oder auf einer Pfanne erwärmen.
c) Stellen Sie das Gyros zusammen, indem Sie die gewürzte Jackfrucht auf jedes Pita legen. Mit veganer Tzatziki-Sauce, geschnittenem Salat und Kirschtomaten belegen.
d) Genießen Sie diese leckeren veganen Gyros-Optionen!

99. Tofu-Gyros

ZUTATEN:
- 1 Block extrafester Tofu, gepresst und in dünne Streifen geschnitten
- 2 EL Sojasauce
- 1 EL Olivenöl
- 1 TL getrockneter Oregano
- 1 TL Knoblauchpulver
- Salz und Pfeffer nach Geschmack
- Vegane Tzatziki-Sauce
- Pita-Brot
- Geschnittene rote Zwiebeln und Gurken zum Garnieren

ANWEISUNGEN:
a) In einer Schüssel Sojasauce, Olivenöl, getrockneten Oregano, Knoblauchpulver, Salz und Pfeffer verrühren.
b) Die Tofustreifen mindestens 30 Minuten in der Mischung marinieren.
c) Erhitzen Sie eine Pfanne bei mittlerer bis hoher Hitze und braten Sie den marinierten Tofu darin, bis er auf beiden Seiten goldbraun ist.
d) Das Fladenbrot im Ofen oder auf einer Pfanne erwärmen.
e) Stellen Sie das Gyros zusammen, indem Sie den gekochten Tofu auf jedes Pita-Gericht legen. Mit veganer Tzatziki-Sauce, geschnittenen roten Zwiebeln und Gurke belegen.

100. Linsen-Pilz-Gyros

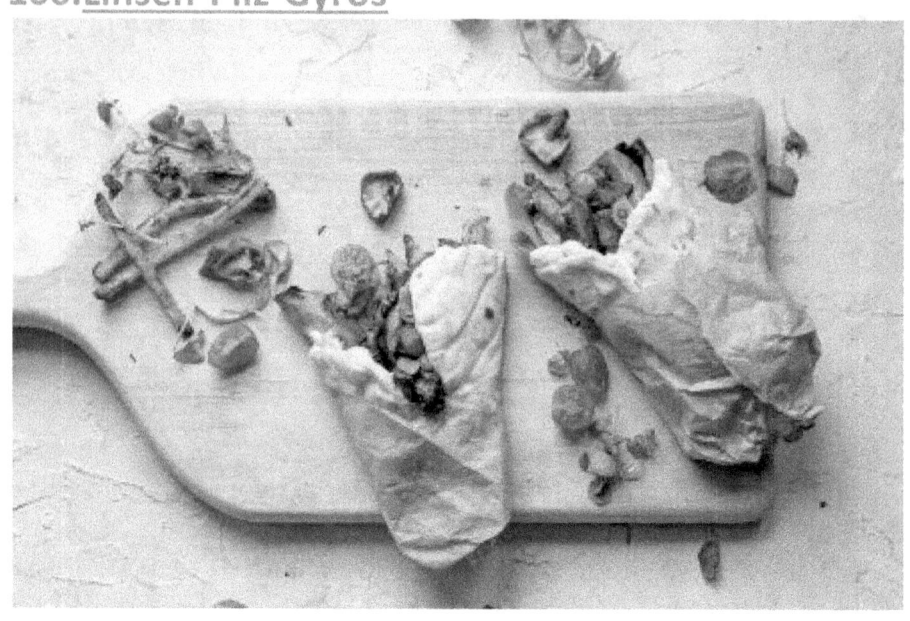

ZUTATEN:

- 1 Tasse gekochte Linsen
- 1 Tasse fein gehackte Pilze
- 1 kleine rote Zwiebel, fein gehackt
- 2 Knoblauchzehen, gehackt
- 1 TL gemahlener Kreuzkümmel
- 1 TL geräuchertes Paprikapulver
- Salz und Pfeffer nach Geschmack
- 2 EL Tomatenmark
- Vegane Tzatziki-Sauce
- Pita-Brot
- Tomatenscheiben und Salat zum Garnieren

ANWEISUNGEN:

a) In einer Pfanne Pilze, rote Zwiebeln und Knoblauch anbraten, bis sie weich sind.

b) Gekochte Linsen, gemahlenen Kreuzkümmel, geräuchertes Paprikapulver, Salz, Pfeffer und Tomatenmark in die Pfanne geben. Gut vermischen und kochen, bis es durchgeheizt ist.

c) Das Fladenbrot im Ofen oder auf einer Pfanne erwärmen.

d) Stellen Sie das Gyros zusammen, indem Sie die Linsen-Pilz-Mischung auf jedes Pita geben. Mit veganer Tzatziki-Sauce, Tomatenscheiben und Salat belegen.

ABSCHLUSS

Zum Abschluss unserer geschmackvollen Reise durch „Vegane Straßengerichte: Burger, Tacos, Gyros und mehr" hoffen wir, dass Sie die Freude erlebt haben, Ihr veganes Verlangen Stück für Stück zu stillen. Jedes Rezept auf diesen Seiten ist eine Hommage an die Kreativität, die kräftigen Aromen und die globale Inspiration, die pflanzliche Straßengerichte so köstlich machen – ein Beweis für die Zufriedenheit, die mit jedem Bissen einhergeht.

Egal, ob Sie die pflanzliche Köstlichkeit veganer Burger genossen, die Vielfalt veganer Tacos ausprobiert oder sich die herzhaften Köstlichkeiten pflanzlicher Gyros gegönnt haben, wir sind davon überzeugt, dass diese Rezepte Ihre Leidenschaft für veganes Streetfood geweckt haben. Mögen „VEGANES STRASSEN KOST: BURGERS, TACOS, GYROS UND MEHR" über die Zutaten und Techniken hinaus eine Quelle der Inspiration, ein Fest der pflanzlichen Kreativität und eine Erinnerung daran werden, dass es sowohl aufregend als auch köstlich ist, vegane Gelüste zu stillen.

Möge dieses Kochbuch Ihr vertrauenswürdiger Begleiter sein, während Sie die Welt der pflanzlichen Straßengerichte weiter erkunden und Sie durch eine Vielzahl von Rezepten führen, die die kühne, geschmackvolle und sättigende Natur veganer Straßengerichte hervorheben. Genießen Sie die Kreativität, kreieren Sie pflanzliche Klassiker und genießen Sie die Freude, die jeder Bissen mit sich bringt. Viel Spaß beim Kochen!

www.ingramcontent.com/pod-product-compliance
Lightning Source LLC
Chambersburg PA
CBHW071319110526
44591CB00010B/947